Veranstaltungsmanagement

Die Leuphana Case Studies sind ein Projekt, das in Zusammenarbeit mit kleinen und mittelständischen Unternehmen erstellt und entwickelt worden ist. Sie sind ein Lehrbuch, mit dessen Hilfe Unternehmen, die vor ähnlichen Herausforderungen stehen, selbige bewältigen können. Dafür ist keine Hilfe von Dritten notwendig. Auf Grundlage der einzelnen Case Studies werden den Bearbeiterinnen und Bearbeitern elementare Werkzeuge aus der wissenschaftlichen Theorie erklärt. Diese können sie anwenden, um mit den Insiderkenntnissen des eigenen Unternehmens Prozesse zu optimieren, Ziele entwickeln und erreichen oder schwierige Herausforderungen zu bewältigen.

Weitere Bände in dieser Reihe
http://www.springer.com/series/15432
Massonne, Veranstaltungsmanagement - 978-3-662-54003-9
Klöppner et al., Fachkräftemangel im Pflegesektor - 978-3-662-54013-8
Melles, Produkteinführung - 978-3-662-54001-5
Deharde, Produktionsentscheidung - 978-3-662-53997-2
Sikkenga, Shitstorm-Prävention - 978-3-662-54015-2
Göse, Sozialunternehmen - 978-3-662-54007-7
van Hueth et al., Sozialwirtschaft - 978-3-662-54005-3
Giese, Großprojektmanagement - 978-3-662-54011-4
Göse/Reihlen, Gründung einer Unternehmensberatung - 978-3-662-54009-1

Feeline Massonne

Veranstaltungs-management

Feeline Massonne
Case Studies
Leuphana Universität Lüneburg
Lüneburg
Deutschland

ISBN 978-3-662-54003-9   ISBN 978-3-662-54004-6 (eBook)
DOI 10.1007/978-3-662-54004-6

Die Deutsche Nationalbibliothek verzeichnet diese Publikation in der Deutschen Nationalbibliografie; detaillierte bibliografische Daten sind im Internet über http://dnb.d-nb.de abrufbar.

Springer Gabler
© Springer-Verlag GmbH Deutschland 2017
Das Werk einschließlich aller seiner Teile ist urheberrechtlich geschützt. Jede Verwertung, die nicht ausdrücklich vom Urheberrechtsgesetz zugelassen ist, bedarf der vorherigen Zustimmung des Verlags. Das gilt insbesondere für Vervielfältigungen, Bearbeitungen, Übersetzungen, Mikroverfilmungen und die Einspeicherung und Verarbeitung in elektronischen Systemen.
Die Wiedergabe von Gebrauchsnamen, Handelsnamen, Warenbezeichnungen usw. in diesem Werk berechtigt auch ohne besondere Kennzeichnung nicht zu der Annahme, dass solche Namen im Sinne der Warenzeichen- und Markenschutz-Gesetzgebung als frei zu betrachten wären und daher von jedermann benutzt werden dürften.
Der Verlag, die Autoren und die Herausgeber gehen davon aus, dass die Angaben und Informationen in diesem Werk zum Zeitpunkt der Veröffentlichung vollständig und korrekt sind. Weder der Verlag, noch die Autoren oder die Herausgeber übernehmen, ausdrücklich oder implizit, Gewähr für den Inhalt des Werkes, etwaige Fehler oder Äußerungen. Der Verlag bleibt im Hinblick auf geografische Zuordnungen und Gebietsbezeichnungen in veröffentlichten Karten und Institutionsadressen neutral.

Gedruckt auf säurefreiem und chlorfrei gebleichtem Papier

Springer Gabler ist Teil von Springer Nature
Die eingetragene Gesellschaft ist Springer-Verlag GmbH Deutschland
Die Anschrift der Gesellschaft ist: Heidelberger Platz 3, 14197 Berlin, Germany

Vorwort des Herausgebers

Im Rahmen des Regionalentwicklungsprojekts Innovations-Inkubator Lüneburg wurden der Leuphana Universität im Zeitraum 2009 bis 2015 Mittel der Europäischen Union und des Landes Niedersachsen zur intensiven Förderung der Wirtschaft durch Transfer von Wissen aus der Forschung in die Unternehmen des aus elf Landkreisen bestehenden ehemaligen Regierungsbezirks Lüneburg bereitgestellt. Eine der insgesamt 47 in dem EU-Großprojekt durchgeführten Maßnahmen war die Erarbeitung der Leuphana Case Studies.

Gemeinsam mit Kooperationspartnern aus dem Konvergenzgebiet wurden zwölf Case Studies zu spezifischen Herausforderungen der Region erarbeitet. Die Themenfelder sind dabei sehr unterschiedlich und reichen von Fragen des Nachhaltigkeitsmanagements, über das Veranstaltungs- und Kulturmanagement im ländlichen Raum, bis hin zu Fragen der Vernetzung von kleinen und mittelständischen Unternehmen.

Dabei wurde das Konzept der wissenschaftlichen Methode Case Study mit den Leuphana Case Studies weiterentwickelt. Diese bestehen nicht nur aus einem mehrseitigen Fallstudientext, der dann von Studierenden bearbeitet wird. Die Leuphana Case Studies beinhalten ein didaktisches Konzept, mit dem den Bearbeiterinnen und Bearbeitern der Case Studies die Werkzeuge zur Lösung ihrer Herausforderungen vermittelt werden. So können die Case Studies von Unternehmen in vergleichbaren Situationen eingesetzt werden. Mit Hilfe des didaktischen Konzepts der Case Studies kann aus dem Wissensschatz der Mitarbeiterinnen und Mitarbeiter eines Unternehmens eine Lösung für die eigenen Herausforderungen erarbeitet werden.

Die Leuphana Case Studies sind in Zusammenarbeit mit den weiterbildenden Studiengängen der Leuphana Professional School entstanden. So wurden die didaktischen Konzepte bereits in der Praxis erprobt und darauf aufbauend weiter verfeinert. Die vorliegende Case Study spiegelt in weiten Teilen reale

Entwicklungsprozesse wider. An einigen Stellen wurden die Darstellungen didaktisch überarbeitet.

Wir wünschen Ihnen viel Erfolg und Spaß bei der Bearbeitung der vorliegenden Case Study. Wir sind uns sicher, dass Sie Werkzeuge und Fähigkeiten erlernen werden, die Ihnen bei Ihrer täglichen Arbeit und bei der Bewältigung der Herausforderungen dort helfen werden.

Christoph Kleineberg

Vorwort der Autorin

Das Veranstaltungszentrum Verdo, das im ländlichen Raum gelegen ist, steht vor großen Herausforderungen, um ausreichend viele Besucherinnen und Besucher für seine Veranstaltungen zu gewinnen. Insbesondere Einsparungen im Kulturbereich verschärfen die Situation und auch der Wandel der Kulturlandschaft mit seinen zunehmend im Internet stattfindenden Freizeitaktivitäten ist eine besondere Herausforderung. Die Case Study thematisiert Strategien, um Veranstaltungsunternehmen erfolgreich auf dem Markt zu positionieren. Dabei werden auch Marketingstrategien thematisiert.

Feeline Massonne

Inhaltsverzeichnis

1	**Einleitung**	1
2	**„VERDO WE GO?"**	3
3	**Vorstellung des Unternehmens**	9
	3.1 Historie des Kultur- und Tagungszentrums VERDO Hitzacker (Elbe)	10
	3.2 Vorstellung der Hauptakteure	14
	3.3 Haushalts- und Liquiditätsplan	27
	3.4 Bilanz	28
	3.5 Wettbewerb	28
	3.6 Marketing/Vertrieb	34
	3.7 Besucherzahlen/Belegetage/Saalmieten	38
	3.8 Musikfestivals im VERDO	45
	3.8.1 Sommerliche Musiktage Hitzacker	45
	3.8.2 Musikwoche Hitzacker	47
	3.9 VERDO – Gruppe	48
	3.9.1 VERDO – Verein für Bildung und Kultur e.V.	48
	3.9.2 VERDO – Restaurant	50
4	**Fallzusammenfassung**	51
5	**Einführung Didaktik**	55
	5.1 Nutzen der Case Study „VERDO WE GO?" in der Lehre	56
	5.2 Zentrale Fragestellung der Case Study	57
	5.3 Zielgruppe/Lernziele	57
	5.4 Besonderheiten des Falls und fallrelevante Themen	58

6	**Lehrpläne/Lehrstrategien**	59
6.1	Format S	59
6.2	Format M	60
6.3	Format L	64
7	**Material zu den Lehrplänen**	73
7.1	Werkzeug SWOT-Analyse	73
7.2	Werkzeug „neues" Geschäftsmodell	76
7.3	Werkzeug Marketing	78

Literaturverzeichnis 89

Weiterführende Literatur 91

Abbildungsverzeichnis

Abb. 2.1	Zeitungsartikel „VERDO kurz vor dem Aus?".	4
Abb. 3.1	Raumarten des VERDO	10
Abb. 3.2	Außenansicht des VERDO	11
Abb. 3.3	Konzertsaal (Großer Saal) des VERDO	11
Abb. 3.4	Foyer des VERDO	12
Abb. 3.5	Konzertbühne des VERDO	12
Abb. 3.6	Haushalts- und Liquiditätsplan	27
Abb. 3.7	Erläuterung zu den Einnahmen Haushaltsplan 2011	28
Abb. 3.8	Ausgaben 2011 Teil 1	29
Abb. 3.9	Ausgaben 2011 Teil 1	30
Abb. 3.10	Erläuterung zu den Ausgaben Haushaltsplan 2011	30
Abb. 3.11	Bilanz	31
Abb. 3.12	Gewinn- und Verlustrechnung	32
Abb. 3.13	VERDO-Anzeige im Tagungsplaner	36
Abb. 3.14	VERDO-Anzeige in der IHZ-Zeitung	37
Abb. 6.1	Phasenablauf der Case Study	60
Abb. 6.2	PHASE 1: Einführung in die Veranstaltung	61
Abb. 6.3	PHASE 2: Erste Einsicht/Fallerfassung	62
Abb. 6.4	PHASE 3: Analyse/Bearbeitung des Falls	63
Abb. 6.5	PHASE 3: Analyse/Bearbeitung des Falls (Fortsetzung)	64
Abb. 6.6	PHASE 4: Entwicklung von Handlungsvorschlägen	65
Abb. 6.7	PHASE 4: Entwicklung von Handlungsvorschlägen (Fortsetzung)	66
Abb. 6.8	PHASE 5: Präsentation & Diskussion	67
Abb. 6.9	PHASE 6: Evaluierung	67
Abb. 6.10	PHASE 1: Einführung in die Veranstaltung	68
Abb. 6.11	PHASE 1: Einführung in die Veranstaltung (Fortsetzung)	69

Abb. 6.12	PHASE 2: Erste Einsicht/Fallerfassung	69
Abb. 6.13	PHASE 3: Analyse/Bearbeitung des Falls	70
Abb. 6.14	PHASE 4: Entwicklung von Handlungsvorschlägen	71
Abb. 6.15	PHASE 5: Präsentation & Diskussion	72
Abb. 7.1	SWOT-Analyse	75
Abb. 7.2	Bausteine der Besucherorientierung	79
Abb. 7.3	Der strategische Kulturmarketing-Managementprozess (in Anlehnung an Klein 2008, S. 540)	81

Tabellenverzeichnis

Tab. 3.1 Belegungsplan VERDO 2011 (zur Verfügung gestellt von der VERDO Hitzacker (Elbe) – Tourismusbetriebsgesellschaft mbH, 2012) 40

Tab. 3.2 Belegungsplan Hitzacker See 2011 (zur Verfügung gestellt von der VERDO Hitzacker (Elbe) – Tourismusbetriebsgesellschaft mbH, 2012) 43

Tab. 3.3 Belegungsplan VERDO Ausstellungen 2011 (zur Verfügung gestellt von der VERDO Hitzacker (Elbe) – Tourismusbetriebsgesellschaft mbH, 2012) 44

Tab. 3.4 Belegungsplan VERDO Catering GbR (zur Verfügung gestellt von der VERDO Hitzacker (Elbe) – Tourismusbetriebsgesellschaft mbH, 2012) 44

Einleitung 1

Die vorliegende Case Study beschäftigt sich mit den Herausforderungen, vor denen viele Veranstaltungshallen im ländlichen Raum stehen. Häufig wurden diese in Zeiten sprudelnder Steuereinnahmen oder durch finanzielle Förderung aus Sonderprogrammen gebaut. Durch die demografische Entwicklung des ländlichen Raums und den Wandel der Kulturlandschaft sowie der Freizeitaktivitäten im Allgemeinen stehen in vielen Orten die kommunalen Träger vor der Frage, ob sie die Veranstaltungshallen weiter betreiben oder abreißen wollen. Darüber hinaus gibt es bei einer Reihe von Veranstaltungshallen einen erhöhten Sanierungsbedarf, sodass dort über die zukünftige Ausrichtung nachgedacht wird.

Die zentralen Aspekte dieser Case Study und ihre Kontextbedingungen werden dabei dargestellt. Im Rahmen der Bearbeitungen wird jedoch keine Musterlösung erarbeitet. Vielmehr bietet der Fall eine Entscheidungs-, Argumentations- und damit Bewertungsgrundlage für die verschiedenen möglichen Lösungs- und Implementierungsvorschläge der Studierenden. Sie dient damit der Anleitung für Bearbeitende, reale Fälle zu betrachten und zu lösen.

Im Rahmen des Innovationsinkubators sind an der Leuphana Universität Lüneburg Case Studies entstanden. Für die Case Studies werden solche Fälle ausgewählt, die für die kooperierenden Unternehmen und Organisationen von hoher Bedeutung sind und die idealerweise auch für vergleichbare Organisationen der Region als „Best-Practice-Beispiele" dienen können. Sowohl bei der Erstellung als auch bei der Lösung der Fallstudien sollen die erfolgskritischen Faktoren systematisch analysiert und den regionalen Akteurinnen und Akteuren zugänglich gemacht werden. Somit tragen die wissenschaftlichen Arbeiten während der Entwicklung der Case Studies, aber auch die Ergebnisse der Case-Study-Bearbeitung direkt zur Stärkung der Wettbewerbsposition und Innovationskraft der regionalen Unternehmen bei.

Im Rahmen der Case-Study-Bearbeitung werden weitergehende Informationen zum VERDO gegeben. Diese sollen von den Case-Study-Bearbeiterinnen und -Bearbeitern ausgewertet und analysiert werden. Eine Reihe von betriebswirtschaftlichen Werkzeugen unterstützen dabei bei der Erarbeitung von Lösungsvorschlägen für das VERDO. Unternehmen und Organisationen mit ähnlichen Herausforderungen können dabei diese Werkzeuge nutzen, um Lösungsvorschläge für die eigene Situation zu erstellen.
Die Case Study besitzt dafür unterschiedliche Formate. So können die Bearbeiterinnen und Bearbeiter im Rahmen einer SWOT-Analyse die Umwelt des VERDO und seine Position darin analysieren. Zudem soll mit einem weiteren Werkzeug eine Geschäftsstrategie entwickelt werden. Zuletzt soll ein Marketingkonzept für das VERDO erarbeitet werden.

„VERDO WE GO?" 2

„Schön, dass Sie an unserem VERDO-Workshop teilnehmen. Wir freuen uns auf Sie und Ihre Ideen. Bis nächste Woche, Frau Blunt." Sichtbar erleichtert legt die Geschäftsführerin des VERDO, Frau Sabine Schumann, den Hörer in die Gabel ihres 70er-Jahre Telefons. Sie atmet tief durch und streicht sich durch das blonde, kurze Haar, das, in den letzten Wochen aufgrund der finanziellen Lage des VERDO, einige graue Strähnen hinzu bekommen hat. Mit Frau Jennifer Blunt, Vorsitzende der „Sommerlichen Musiktage Hitzacker", hat eine wichtige und die letzte Teilnehmerin für den Workshop „VERDO WE GO?" zugesagt. Sabine Schumann ballt die Faust und zischt ein leises „Yes!" durch ihre blassblauen Lippen. Vielleicht gibt es ja doch noch Hoffnung für das Kultur- und Tagungszentrum in Hitzacker (Elbe), das seit drei Jahrzehnten der zentrale Ort für Konzerte, Tagungen und Veranstaltungen in der Samtgemeinde Elbtalaue ist. Vor vier Wochen – das entspricht 28 unruhigen Nächten von Geschäftsführerin Schumann – sah die Situation um das VERDO noch ganz anders aus…

28 Tage zuvor … Frau Schumann sitzt wie jeden Morgen mit ihrem obligatorischen Kaffee am Frühstückstisch und schlägt gemäß ihrem allmorgendlichen Ritual die Tageszeitung auf (Abb. 2.1). Beim Lesen der Überschrift auf Seite 6 fällt der 55-Jährigen das Marmeladenbrötchen aus der Hand und landet auf ihrem Morgenmantel. Sie liest die Schlagzeile immer und immer wieder, aber sie will sich einfach nicht verändern: „VERDO kurz vor dem Aus?"

Ein kurzer Blick auf die Küchenuhr: Es ist kurz nach 8 Uhr, obwohl der Zeiger gefühlt wohl eher kurz vor 12 Uhr anzeigt. Zitternd aber entschlossen schneidet Frau Schumann den Artikel aus der Zeitung aus, zieht sich an und macht sich auf den Weg zum VERDO, das, außerhalb des Stadtkerns von Hitzacker, auf einem Berg liegt. Die Situation des VERDO und die damit verbundene Angst um ihren Arbeitsplatz macht auch ihrem Kreislauf zu schaffen und ihre Beine fühlen sich

© Springer-Verlag GmbH Deutschland 2017
F. Massonne, *Veranstaltungsmanagement*,
DOI 10.1007/978-3-662-54004-6_2

2 „VERDO WE GO?"

Seite 6 / Hitzacker Kurier Nr. 121 — Aktuelle Informationen aus ihrer Gemeinde — 29.08.2012

VERDO kurz vor dem Aus?

2-Tages-Bauernwetter
Ausläufer der Tiefdrucksysteme "Britta" und "Christine" überqueren Deutschland mit z.T. kräftigen Gewittern und leiten einen unbeständigen und merklich kühleren Witterungsabschnitt ein. Vor allem im Süden, Osten sowie in der Mitte Deutschlands können teils heftige Gewitter auftreten.

29.08.2012 Nachmittags / Nachts

Witterung: Schauer/Gewitter / Schauer/Gewitter
Grad: 22°-30° / 18°-13°
Wind aus: Südlich/westlich / Südlich/Westlich

30.09.2012 Vormittags / Nachmittags

Witterung: Regen / Bewölkung mit Schauern
Grad: 25°-28° / 17°-9°
Wind aus: Westlich / Nordwestlich

Neues vom Sport
Die Fußballmannschaft des Soderberg TV ist am vergangenen Sonntag im hiesigen Waldstadion in einem hart erkämpften 2:1 Sieg dem Abstieg entkommen. Nachdem noch zur zweiten Halbzeit das erwartete Ausgleichstor nicht geschossen werden konnte, konnte der neue Mittelfeldstürmer Hans Gernowat in der 71. Minute mit einem phänomenalen Fallrückzieher den Ausgleich erzielen. Neu motiviert schöpfte die Mannschaft letzte Kraftreserven aus und nach nervenaufreibenden weiteren 8 Minuten und zwei Fehlschüssen rettete Linksaußen Martin Zehter den Verein durch einen wohlplatzierten Treffer in die linksobere Torecke. Der bedeutsame und verdiente Sieg wurde bis spät in die Nacht gefeiert. Trainer Ludwig Holten war restlos begeistert und auch ziemlich erleichtert: „Ich wusste ja immer, was die Mannschaft kann und heute hat sie ihre ganzen Fähigkeiten in den entscheidenden Momenten abgerufen."

Ein Kommentar von Günther Schmidt

Das Musical „Halt mich" mit den Tophits von Herbert Grönemeyer wird am Freitagabend wegen mangelnden Kartenverkaufs im Elbestädtchen nicht stattfinden. Somit ist schon wieder eine Veranstaltung im Kultur- und Tagungszentrum VERDO in Hitzacker abgesagt worden, dabei könnte das VERDO gerade jetzt mehr „Halt" gebrauchen.

Der 527 Quadratmeter große Konzertsaal wird also auch an diesem Abend leer bleiben – ein ganz normaler Tag im VERDO, denn dieser Zustand ist die Normalität und nicht die Ausnahme. Irgendwann wird sogar die Kommunalaufsicht den Betrieb verbieten, fürchtet Samtgemeindebürgermeister Rüdiger Hansen.

Was soll nur aus dem VERDO werden?

In den 70er Jahren profitierten die Gemeinden längs der Grenzen zur DDR von Zonenrandfördermitteln, die damals den Bau eines stolzen Kurhauses in Hitzacker, dem heutigen VERDO ermöglichten – als Spielort für die Sommerlichen Musiktage Hitzacker und für Tagungen und Kultur.

Was kulturell gesehen ein großen Gewinn für die Region darstellt, entpuppt sich immer mehr als finanzielles Desaster: Jedes Jahr produziert das VERDO 120.000 EURO Miese. Wie lange können und wollen die Betreiber die Samtgemeinde Elbtalaue und die Stadt Hitzacker die Misere noch schultern? Besonders breit und kräftig sind die Schultern des kleinen, alternden und schrumpfenden 4.800 Einwohner-Städtchens ohnehin nicht.

Selbst im gesamten Landkreis Lüchow-Dannenberg leben nur 48.000 Einwohner. Woher sollen die Leute kommen, die das VERDO mit seinen 1200 Quadratmeter Veranstaltungsfläche regelmäßig auslasten? Aus Hamburg wohl kaum.

Das VERDO ist nicht die einzige kulturelle Einrichtung, die unter anderem aufgrund des demographischen Wandels auf dem Lande, um das Überleben kämpft. Zudem ist die Konkurrenz unter den Veranstaltungsorten in den letzten Jahren stark gewachsen. Sie alle buhlen um lukrative Veranstalter und entsprechend namhafte Events.

Für die Geschäftsführerin der Sommerlichen Musiktage Hitzacker wäre es eine Tragödie, wenn die „Sommerlichen" nicht mehr im VERDO stattfinden würden. Immerhin handelt es sich bei den Sommerlichen um das älteste Kammermusikfestival Deutschlands, und die Austragung im VERDO ist Tradition. Gemeinsam mit dem VERDO und der Stadt Hitzacker hat sich das Festival zu einer internationalen Leuchtturm-Veranstaltung etabliert.

Auch wenn die Sommerlichen Musiktage den Tourismus für 10 Tage im Jahr und das Image der Stadt maßgeblich fördert, reicht diese alleinige Veranstaltung nicht aus um die katastrophale Unternehmenskultur des VERDO langfristig zu kompensieren.

Das VERDO- Management hat versagt. Es ist eine Zumutung, dass die Bürger der Samtgemeinde Elbtalaue weiterhin Ihren Kopf bzw. ihre Steuergelder für den defizitären Haushalt des VERDO hinhalten müssen.

Dringend müssen neue Konzepte her, die den Veranstaltungsort im Interesse des Bürgers reanimieren, damit Veranstaltungen wie Grönemeyers „Halt mich" zukünftig in ausverkauften Haus stattfinden.

Spruch des Tages
Auszug aus einem Gedicht über die Luhe
„Und du, der Kindheit Fluß, geliebte Luh'!
Laß mich die Hand mit deinem Wasser kühlen!
Wie sonst auf klarem Sande fließest du, -
O könnt' ich wieder mich als Knabe fühlen!"
– *Johann Peter Eckermann: Die Heimat*

Abb. 2.1 Zeitungsartikel „VERDO kurz vor dem Aus?"

wackelig an. Jetzt möchte sie lieber den Bus nehmen – doch es gibt keinen, der zum VERDO fährt. Zu Fuß geht Frau Schumann an den vielen idyllischen Häusern der Fachwerkstadt Hitzacker vorbei. Die Straßen ihrer geliebten Heimatstadt sind, wie so oft, leer gefegt und sie muss an die „Sommerlichen Musiktage" denken, eine der wenigen VERDO-Veranstaltungen des Jahres, die das Stadtbild von Hitzacker für mehrere Tage aufblühen lässt.

Oben angekommen bleibt die Geschäftsführerin auf der Aussichtsplattform des VERDO stehen, von wo man die wunderschöne Elbtalaue überblicken kann. Die schöne Aussicht wird von ihren Gedanken getrübt, die sich erneut um den Zeitungsartikel drehen:

„Was ich überhaupt nicht gebrauchen kann, ist schlechte Presse für uns hier vor Ort. Wenn man negative Schlagzeilen bekommt, dann wird das VERDO zum Dorfgespräch. Und schlechte Meinungsmache können wir uns einfach nicht erlauben! Das Problem ist, dass ich von der lokalen Presse abhängig bin, weil ich kein Geld für teure Anzeigen habe. Warum lassen uns die Journalisten so hängen, statt uns zu unterstützen? Die Presse hat doch letztens alle Daten zu dem Grönemeyer-Konzert von mir bekommen. Aber wenn die Zeitung erst eine Woche vor dem Konzert darauf hinweist, ist es doch kein Wunder, dass die Leute das Konzert übersehen und wir nur 57 Karten verkaufen. Erst der Artikel und dann auch noch so eine schlechte Kooperationsbereitschaft der Lokalzeitung, das schreckt doch nur unsere Veranstalter und Besucher ab. So kommen wir auch nicht aus unseren roten Zahlen."

Sie beendet den Monolog, atmet dreimal tief durch und schaut dabei in die Weite der Flusslandschaft. Sie beschließt, so schnell wie möglich mit dem Samtgemeindebürgermeister Herrn Rüdiger Hansen zu telefonieren, was nicht gerade einfach ist, da dieser für gewöhnlich sehr schwer erreichbar ist.

Sie betritt das großzügige Foyer des VERDO. Das Klacken ihrer Absätze hallt durch den in Terrakottafarbe gefliesten Raum. Sie schaut auf die weißen Wandpaneele, auf denen noch die nächsten zwei Monate eine Grundschulklasse der Öffentlichkeit ihre jüngsten Projektarbeiten präsentiert. Sie geht vorbei an diversen tropischen Pflanzen und biegt hinter der zweiten Sitzgruppe aus Rattanmöbeln ab in ihr kleines Büro. Von ihrem 8 m² großen Büroplatz aus versucht Sabine Schumann, die 1.200 m² große Veranstaltungsfläche des Hauses zu managen. Sabine Schumann sucht die Telefonnummer von Herrn Hansen aus ihrem handschriftlich geführten Telefonbuch heraus und tippt ein wenig nervös die entsprechenden Ziffern ins Telefon. Sabine Schumann lässt es sechsmal klingeln – und gerade als sie wieder auflegen möchte, nimmt der Samtgemeindebürgermeister ab…

„Guten Tag Herr Hansen, ich bin froh, dass ich Sie erreiche. Sie können sich sicher denken, weshalb ich anrufe? Haben Sie schon den Zeitungsartikel über das VERDO im heutigen „Hitzacker Kurier" gelesen? ... Ach so, Sie haben eben schon mit Herrn Bentin darüber gesprochen? ... Da haben Sie Recht! Das ist eine sehr gute Idee, dass sich alle Beteiligten mal zusammensetzen, um den Status quo des VERDO zu ermitteln und Lösungsansätze zu erarbeiten, die uns dann hoffentlich aus der prekären Finanzlage helfen werden. Selbstverständlich kümmere ich mich um die Organisation und werde noch diese Woche die Einladungen für den Workshop verschicken. Fantastisch, so machen wir das. Es ist höchste Zeit für ‚Butter bei die Fische'. Ich stelle gleich eine Liste mit relevanten Workshop-Kandidaten zusammen. Sie hören von mir in den nächsten Tagen. Ich wünsche Ihnen noch einen schönen Tag."

28 Tage danach ... Ein bisschen verspätet betritt Herr Hansen den 74 m² großen Seminarraum des VERDO. Erfreut nimmt er die große Teilnehmeranzahl war. Die Workshop-Teilnehmer sitzen schon ungeduldig auf ihren Stühlen und warten darauf, dass es gleich losgehen wird. Mit einem Lächeln nickt er Sabine Schumann zu und begrüßt im Vorbeigehen kurz auch den Bürgermeister der Stadt Hitzacker (Elbe), Ludwig Bentin. Frau Ursula Peters, Samtgemeinderätin der Elbtalaue klopft mit ihrem Teelöffel gegen ihre Kaffeetasse und bittet um Ruhe:

„Meine Damen, meine Herren, da jetzt unser letzter Teilnehmer, Herr Hansen, eingetroffen ist, möchte ich Sie nun zu dieser frühen Morgenstunde herzlich zu unserem Workshop ‚VERDO WE GO?' begrüßen. Die wenigen, die mich noch nicht kennen, mein Name ist Ursula Peters, ich bin die erste Samtgemeinderätin der Elbtalaue und werde heute den Workshop moderieren. Gemeinsam mit Frau Schumann, Geschäftsführerin der VERDO GmbH und dem Samtgemeindebürgermeister Herr Hansen, – die Sie beide am Kopfende sehen –, habe ich den heutigen Workshop konzipiert. Wir wollen an diesem Tag alle gemeinsam verstehen und erarbeiten was das VERDO gegenwärtig ist und was das VERDO zukünftig sein könnte. Wir freuen uns sehr Sie alle als unsere Experten begrüßen zu können. Wir erhoffen uns, dass wir hier heute mit Ihnen unterschiedlichste Sichtweisen des VERDO erfassen können. Und wir freuen uns, gemeinsam mit Ihnen mögliche Entwicklungspfade, Strategien für das VERDO zu diskutieren und festzuhalten, um langfristig die prekäre Wirtschaftlichkeit des VERDO nachhaltig zu verbessern.

Bevor ich Ihnen gleich die Agenda präsentiere und Sie sich alle kurz vorstellen, möchte ich mich bei Herrn Waltzer, dem Geschäftsführer des VERDO – Restaurants, bedanken. Herr Waltzer verpflegt uns heute den ganzen Tag, und bringt nebenbei hoffentlich auch sein Wissen und seine Erfahrungen über und mit dem VERDO ein. Des Weiteren möchte ich mich herzlich bedanken, dass Sie so zahlreich erschienen sind, und nicht wie sonst nur ein kleiner Personenkreis sich freiwillig mit dem Thema VERDO beschäftigen. Schön, dass auch beispielsweise Herr Schulz, Manager der Biosphaerium Elbtalaue GmbH, und Frau Ziegler, Regionalmanagerin Lüchow-Dannenberg, oder auch Frau Schmitz von der Elbtalaue Wendlandtouristik GmbH und Herr Lindenstein von der Kulturellen Landpartie zu unserem Workshop heute da sind."

Aufgaben

... jetzt sind Sie gefragt!

Format S: Sie sind Teilnehmerin oder Teilnehmer des Workshops „VERDO WE GO?" und helfen der VERDO GmbH bei der Ermittlung des Status quo sowie der Findung neuer Entwicklungsperspektiven. Für diesen Workshop benötigen Sie die Informationen und Materialien aus den Kap. 3 bis Kap. 6. Hier werden detailliert interne und externe Aspekte des VERDO präsentiert. Diese bilden die Grundlage für Ihre Unternehmensanalyse, die Sie mit Hilfe einer SWOT-Analyse erarbeiten. Darauf aufbauend halten Sie erste Entwicklungsperspektiven für das Kultur- und Veranstaltungshaus fest.

Format M: Sie erhalten die Ergebnisse des Workshops „VERDO WE GO?" und entwickeln darauf aufbauend für die VERDO GmbH entweder ein neues Marketingkonzept oder Sie verhelfen dem Unternehmen zu einem neuen Geschäftsmodell.

Das zu entwickelnde neue Marketingkonzept/Geschäftsmodell soll dabei:

- innovativ sein und die bestehenden Kompetenzen der VERDO GmbH aufgreifen,
- einen Mehrwert bieten für den Endkunden (Veranstalter, Nutzer, Kooperationspartner, Sponsoren etc.).
- nachhaltigen finanziellen Erfolg versprechen,
- berücksichtigen, dass die „Sommerlichen Musiktage Hitzacker" (Elbe) weiterhin im VERDO stattfinden können.

Zur Vertiefung Ihres Fallwissens benötigen Sie zusätzlich zu dem Workshop-Ergebnis die Informationen aus dem Kap. 3 bis Kap. 6.

Format L: Sie sind Teilnehmerin oder Teilnehmer des Workshops „VERDO WE GO?" und helfen der VERDO GmbH bei der Ermittlung ihres Status quo, den Sie mit Hilfe einer SWOT-Analyse erarbeiten. Darauf aufbauend entwickeln Sie entweder ein neues Marketingkonzept oder Sie verhelfen dem Unternehmen zu einem neuen Geschäftsmodell.

Das zu entwickelnde neue Marketingkonzept/Geschäftsmodell soll dabei:

- innovativ sein und die bestehenden Kompetenzen der VERDO GmbH aufgreifen,
- einen Mehrwert bieten für den Endkunden (Veranstalter, Nutzer, Kooperationspartner, Sponsoren etc.),
- nachhaltigen finanziellen Erfolg versprechen,
- berücksichtigen, dass die „Sommerlichen Musiktage Hitzacker" (Elbe) weiterhin im VERDO stattfinden können.

Für die Aufgabenbearbeitung benötigen Sie zur Vertiefung Ihres Fallwissens die Informationen aus dem Kap. 3 bis Kap. 6.

Vorstellung des Unternehmens 3

Die VERDO Hitzacker (Elbe) – Tourismusbetriebsgesellschaft mbH betreibt das größte Veranstaltungshaus in Lüchow-Dannenberg. Das in Hitzacker (Elbe) niedergelassene Unternehmen mit einer Betriebsfläche von circa 57.000 m² befindet sich im Vierländereck von Mecklenburg-Vorpommern, Brandenburg, Sachsen-Anhalt und Niedersachen und liegt inmitten des „UNESCO-Biosphärenreservates in der Niedersächsischen Elbtalaue".

Das VERDO arbeitet ausschließlich im Vermietungsgeschäft und führt keine eigenen Veranstaltungen durch. Es bietet Platz für Events, Tagungen, Kongresse und Feste. Das Zentrum verfügt über 150 Pkw- und 2 Busstellplätze, ist rollstuhlgerecht ausgestattet und bietet mit einem Außenspielplatz eine kindgerechte Umgebung.

Im Gebäude befinden sich Tagungsräume verschiedener Größen und Konzertsäle mit bis zu 768 Sitzplätzen sowie ein Restaurant mit Platz für 70 Personen (Abb. 3.1).

Jeder Raum ist Veranstaltungsgerecht zu bestuhlen und kann mit spezieller Tagungstechnik ausgestattet werden. Dazu gehören u. a. ein Beamer, Overhead-Projektor, Leinwand, WLAN, Videokamera, Pinnwand, Kopierer, Mikrofon, Flipchart, Klimaanlage, Rednerpult, Bühne und ein Moderatorenkoffer. Alle Räume verfügen über Tageslicht und haben einen direkten Zugang zur Außenterrasse mit Blick auf die Elbe. Jede Veranstaltung kann individuell von dem VERDO – Restaurant bewirtet werden.

Im VERDO finden regelmäßig große wie kleine Veranstaltungen statt. Besonders bekannt sind die jährlich stattfindenden Musikfestivals: Mit den „Sommerlichen Musiktagen Hitzacker" ist das älteste Kammermusikfestival Deutschlands vertreten und mit der „Musikwoche Hitzacker" ein Festival für klassische Musik. Beide Festivals ziehen jedes Jahr nationale sowie internationale Künstler und Besucher an.

Zudem ist das VERDO Austragungsort verschiedenster kultureller Veranstaltungen, angefangen von Theateraufführungen und Konzerten bis hin zu Kleinkunstevents aus der Region sowie Ausstellungen jeder Art.

© Springer-Verlag GmbH Deutschland 2017
F. Massonne, *Veranstaltungsmanagement*,
DOI 10.1007/978-3-662-54004-6_3

Raume des VERDO (Große und max. Personen)						
Raumart	m²	Reihen	Parlament	U-Form	Bankett	Block
Großer Saal 1	526,80	768	200	-	450	284
Großer Saal 2	401,36	500	90	-	150	140
Kleiner Saal	125,44	-	-	-	100	90
Weinberg	141,09	100	80	60	60	32
Elbtalaue 1	79,72	40	30	14	30	16
Elbtalaue 2	53,19	16	20	18	20	16
a VERDO	73,48	40	30	40	30	60

Abb. 3.1 Raumarten des VERDO

Gesellschafter der VERDO Hitzacker Tourismusbetriebsgesellschaft mbH sind zu 75 % die Stadt Hitzacker (Elbe) und zu 25 % die Samtgemeinde Elbtalaue.
Frau Sabine Schumann ist seit 2003 Geschäftsführerin des VERDO. Sie arbeitet mit 20,26 Stunden pro Woche in Teilzeit. Ihre Hauptaufgaben umfassen das Gebäude- und Veranstaltungsmanagement. Seit 2003 ist auch Frau Ute Engels[1] mit 30 Stunden pro Woche und Herr Karl Dittmann[2] mit 16 Stunden pro Woche in Teilzeit festangestellt. Frau Engels ist für die Pflege des Gebäudes und der Gartenanlage und für die Garderobe während der Veranstaltungen verantwortlich, die Aufgaben von Herrn Dittmann sind die Installation, Pflege und Wartung der Haus- und Veranstaltungstechnik. Bei Bedarf beschäftigt die VERDO GmbH Aushilfen.
Impressionen vom VERDO Gebäude zeigen Abb. 3.2 bis Abb. 3.5.

3.1 Historie des Kultur- und Tagungszentrums VERDO Hitzacker (Elbe)

In den frühen 1970er-Jahren lässt die Stadt Hitzacker (Elbe) eigens für das jährlich stattfindende Festival, die „Sommerlichen Musiktage Hitzacker" (Elbe), eine Spielstätte erbauen. Bei der Konstruktion des Gebäudes werden auch Nutzungsmöglichkeiten für Tagungen und Seminare mitbedacht.

---

[1]Der Name Ute Engels wurde als Pseudonym gewählt.
[2]Der Name Karl Dittmann wurde als Pseudonym gewählt.

3.1 Historie des Kultur- und Tagungszentrums VERDO Hitzacker (Elbe)

Abb. 3.2 Außenansicht des VERDO

Abb. 3.3 Konzertsaal (Großer Saal) des VERDO

1974 wird das fertiggestellte Gebäude in die damalige Kurbetriebsgesellschaft Hitzacker mbH mit allen Rechten und Pflichten eingegliedert. Gesellschafter des Kurhauses sind der Landkreis Lüchow-Dannenberg mit 50 %, die Stadt Hitzacker (Elbe) mit 25 % und die Samtgemeinde Hitzacker (Elbe) mit 25 %. Die Aufgaben

Abb. 3.4 Foyer des VERDO

Abb. 3.5 Konzertbühne des VERDO

der GmbH sind zum einen der Betrieb, die Unterhaltung und personelle Besetzung der Kurverwaltung in Hitzacker (Elbe) und zum anderen die Unterhaltung und Pflege des Weinbergs, des Kurparks und der Anlagen am „Hitzacker See" sowie die personelle Besetzung, der Betrieb und die Vermarktung des Kurhauses.

3.1 Historie des Kultur- und Tagungszentrums VERDO Hitzacker (Elbe)

Das Kurhaus wird bis circa 1987 hauptsächlich von den „Sommerlichen Musiktagen" und dem „Kulturring Hitzacker" genutzt. Ab 1987 versucht die Kurbetriebsgesellschaft ihr Veranstaltungshaus gezielt auf dem Markt zu platzieren und lukrativ zu vermarkten. Das Haus wird von der Bevölkerung des Landkreises Lüchow-Dannenberg gut angenommen und es finden immer mehr Veranstaltungen wie Konzerte und Theateraufführungen statt. Unterdessen löst sich der „Kulturring Hitzacker" aufgrund finanzieller Probleme auf. Dasselbe geschieht wenige Zeit später auch dem „Kulturring Lüchow".

Ab 1989 ist das Kurhaus zusätzlich auch Spielstätte der jährlich im Winter veranstalteten „Musikwoche Hitzacker" (Elbe).

Im Jahr 2000 versucht die Stadt Hitzacker (Elbe), das Kurhaus zu verkaufen und findet einen Interessenten. Aber der Verkauf scheitert aufgrund einer fehlenden Mehrheit im Rat der Stadt Hitzacker (Elbe). Zusätzlich vergibt die Stadt Hitzacker (Elbe) einen Auftrag zur Erstellung einer Machbarkeitsstudie mit dem Titel „Wirtschaftliche Perspektiven für das Kurhaus Hitzacker". 2003 wird die Studie ohne Ergebnis gestoppt, da sich politisch keine Einigung abzeichnet, welche Entwicklungsrichtung zukünftig für das Kurhaus Hitzacker eingeschlagen werden soll.

2004 übernimmt die Stadt Hitzacker (Elbe) den Gesellschafteranteil des Landkreises Lüchow-Dannenbergs und besitzt nun 75 % der Kurbetriebsgesellschaft Hitzacker mbH. Die Samtgemeinde Hitzacker (Elbe) besitzt weiterhin 25 % Eigenanteil. Die Aufgaben der GmbH beinhalten die Unterhaltung, den Betrieb und die Vermarktung des Kurhauses, die personelle Besetzung einer Gästeinformation in Hitzacker, die Verpachtung des Hochseilgartens sowie die Vermarktung und Unterhaltung des „Hitzacker Sees".

In den Jahren 2005 bis 2006 wird das Kurhaus mit einem Kostenaufwand von rund 1,5 Mio. € teilmodernisiert. Die Finanzierung teilt sich auf in:

Eigenmittel	300.000 €
Zuschuss Ziel-2	725.500 €[3]
Kreditaufnahme	511.500 €

Seit 2006 wird die Kurbetriebsgesellschaft Hitzacker mbH in die jetzige VERDO Hitzacker (Elbe) Tourismusbetriebsgesellschaft mbH umbenannt und -formiert. Anteilseigner ist die Stadt Hitzacker (Elbe) mit 75 % und Samtgemeinde Elbtalaue mit 25 %. Zu den Aufgaben der GmbH gehören die Unterhaltung, der Betrieb und

---

[3]Die VERDO GmbH wird finanziell durch das Niedersächsische Ziel-2-Programm 2000-2006 unterstützt. Dieses Programm ist Teil des Europäischen Fonds für regionale Entwicklung (EFRE). Mehr dazu unter http://www.efre.niedersachsen.de.

die Vermarktung des VERDO, weiterhin die Verpachtung des Hochseilgartens (bis 2010) und die Verpachtung des VERDO – Restaurants.
2007 wird die Gastronomie des VERDO an eine GbR verpachtet. Jedoch kann die VERDO GmbH bis heute keine Einnahmen durch die Verpachtung des Gastronomiebetriebs an die GbR verbuchen.
2010 wird der „VERDO – Verein für Bildung und Kultur e.V." gegründet. Er fördert die aktive Teilhabe aller gesellschaftlichen Gruppen der Umgebung am kulturellen Leben, sei es Kunst, Theater, Musik, Literaturarbeit und Lesungen, Tanz, Gesprächsforen, offene kreative Prozesse, Referate und anderes mehr.

3.2 Vorstellung der Hauptakteure

Frau Sabine Schumann[4]
Geschäftsführerin der VERDO GmbH
Geboren 1957 in Lüchow/Dannenberg

1977 – 1988	Ausbildung zur Reiseverkehrskauffrau im Kur- und Fremdenverkehr, der Kurbetriebsgesellschaft Hitzacker, in der Tourismusinformation
Seit 1988	Angestellte der Kurbetriebsgesellschaft Hitzacker, dem heutigen VERDO
1998 – 1999	Stellvertretende Geschäftsführerin der VERDO GmbH
Seit 1999	Geschäftsführerin der VERDO GmbH

Im Interview spricht Sabine Schumann über ihre Funktion im VERDO und die Situation der VERDO GmbH:[5]

Frau Schumann, was bedeutet Ihnen das VERDO?
Ich bin hier in der Region aufgewachsen und bin auch sehr mit ihr verwurzelt. Seit 1988 bin ich mit dem VERDO, der früheren Kurbetriebsgesellschaft Hitzacker beruflich verbunden. Seit 1999 bin ich Geschäftsführerin der VERDO GmbH. Herr

---

[4]Der Name Sabine Schumann wurde als Pseudonym gewählt.
[5]Das persönliche Interview hat die Verfasserin dieser Fallstudie mit der Geschäftsführerin des VERDO am 20./21.06.2012 geführt.

3.2 Vorstellung der Hauptakteure

Hansen, der Samtgemeindebürgermeister sagt immer, Frau Schumann, die lebt das VERDO. Und das stimmt. Ich liebe dieses Haus, ich liebe die Veranstaltungen, ich liebe die Künstler. Veranstaltungsmanagement ist mein Steckenpferd. Ich könnte sagen, ich habe mein Leben dem VERDO geschenkt. Das Schlimme ist, ohne diesen Laden könnte ich nicht sein.

Was sind Ihre Aufgaben im Veranstaltungshaus?
Meine wöchentliche Arbeitszeit beträgt 20,26 Stunden. Meine Aufgaben sind sehr vielfältig, ich akquiriere Veranstaltungen, betreue die Veranstalter von Beginn bis zum Ende der Veranstaltung, kümmere mich um das Gebäudemanagement, das Marketing, den Ticketverkauf, die Buchführung, den jährlichen Geschäftsbericht, die Jahresbilanz, die allgemeinen Büroaufgaben und die Kommunikation zwischen den Gesellschaftern und dem VERDO.

Wie ist die Zusammenarbeit mit Ihren Mitarbeitern organisiert?
Meine beiden Mitarbeiter, Herr Dittmann und Frau Engels, begleiten und unterstützen mich im alltäglichen Geschäft. Wir drei sind seit Jahren eine Einheit im Betrieb und verstehen uns sehr gut untereinander. Wir können uns bestens auf den anderen verlassen. Wenn es mal zu Engpässen kommt, kann jeder durch die Jahrelange Erfahrung die Aufgaben des anderen übernehmen. Ich bin also in der Lage die Technik zu bedienen, oder Herr Dittmann kann sich mal ins Büro setzt, wenn ich im Urlaub bin.

Wie ist das VERDO aufgestellt, wie laufen die Geschäfte?
Leider sind im VERDO Veranstaltungen weggebrochen und durch die geringe Auslastung und die wenigen Besucher schreibt die GmbH seit Jahren rote Zahlen.

Wie kam es zu dieser Entwicklung?
Die Gesellschafter, also die zuständigen Politiker, betreuen das VERDO seit 40 Jahren, damals haben sie einen Kurbetrieb auf den Weg gebracht und in 40 Jahren haben sie es geschafft, diesen Kurbetrieb, das heutige VERDO gegen die Wand zu fahren. Seit Jahren versuchen sie, das Haus in schwarze Zahlen zu bringen, und alles, was Geld kostet, also z. B. Personal oder Neuanschaffungen, zu reduzieren. Wenn man den Wirtschaftsplan ansieht, ist jetzt ein Punkt erreicht, bei dem nicht mehr gespart werden kann.

Welche Konsequenzen hat das für die Mitarbeiter?
Die Leistungsbereitschaft der Mitarbeiter ist am Maximum angekommen! Wir können nicht noch mehr Engagement einbringen, und wollen das auch nicht.

Denn so wie der Betrieb jetzt läuft, geht das nur, wenn wir, die Mitarbeiter, unsere Arbeitszeit dem Betrieb schenken. Einmal hat mir einer der Vorsitzenden gesagt: „Frau Schumann, Sie befinden sich doch in einer wunderbaren Situation, Sie haben rechts und links niemanden neben sich sitzen, Sie können frei arbeiten. Die Haufen, die sich bilden, die können sie selber schön abarbeiten." Diese Aussage fand ich hart.

Wie beschreiben Sie das Verhältnis zwischen Ihnen als Geschäftsführerin und den Gesellschaftern in dieser schwierigen Situation des VERDO?
Nichtsdestotrotz kann man sagen, dass das Verhältnis zwischen mir und den Gesellschaftern sehr gut ist. Die Gesellschafter sind das Organ, sie delegieren die GmbH und kümmern sich um Rechtsstreitigkeiten, Länderangelegenheiten, Verkäufe, Gesellschaftsformänderung, also um Beschlüsse, die über meinen Verfügungsrahmen hinausgehen und im Gesellschaftervertrag des VERDO festgelegt sind.

Und die Gesellschafter versuchen ihr Bestes, um das VERDO aufrechtzuerhalten.

Wurden denn Entscheidungen mit positiver Entwicklung getroffen?
Zwar habe ich keine Befugnis, über Finanzierungsfragen, aber beispielsweise haben die Gesellschafter nun den Mietpreis freigegeben. Ich kann also jetzt mit ruhigem Gewissen eine Veranstaltung durchplanen, egal, wie hoch das Defizit für die Vermietung des Raumes ist. Und so kann ich einfacher eine Veranstaltung akquirieren, hier für Hitzacker, für die Hotels, für unsere Gastronomie, für unseren Arbeitsplatz, für den Imagegewinn, für die Region.

Wie sieht die Situation des VERDO im Vergleich zu den Veranstaltungshäusern der Umgebung aus?
Gerne würde ich unseren Saal für einen höheren Preis abgeben, den wir eigentlich ansetzen müssten, nur dann sind wir außer Konkurrenz, und kriegen den Zuschlag nicht. Im Vergleich zu anderen Veranstaltungshallen im Umkreis von 100 km kann ich aber sagen: Jede Halle hat das gleiche Problem, keiner hat Einnahmen, keiner hat Geld.

Welche Ziele verfolgen Sie, welche Veränderungen würden Sie gerne aktuell durchsetzen?
Wenn ich die Möglichkeit hätte, Personal einzustellen, hätte ich gerne eine flexible Person, die mich als Geschäftsführerin entlastet und sich auch mit den Politikern auseinandersetzt. Jemand für Öffentlichkeitsarbeit und Marketing, jemand der es schafft, mit 2.500 € Maßnahmen zu realisieren, die das Haus mit Besuchern füllen. Aber ohne Geld kann ich mir noch nicht mal Gedanken über Zielsetzungen machen. Es fängt doch schon damit an: Jedes Konzerthaus braucht einen Flügel,

3.2 Vorstellung der Hauptakteure

doch unserer ist kaputt, einen neuen können wir nicht anschaffen. Das Einzige was ich im Moment tue, ist den Betriebsablauf einigermaßen aufrechtzuhalten.

Herr Rüdiger Hansen[6]
Gesellschafter der VERDO GmbH
Geboren 1954 in Lüchow/Dannenberg

1972 – 1975	Ausbildung als Verwaltungsfachangestellte, Samtgemeinde Dannenberg
1975 – 1998	Verwaltungsfachangestellter, Samtgemeinde Dannenberg
1998 – 2002	Leiter des Bauamts, Samtgemeinde Dannenberg
2002 – 2006	Samtgemeindebürgermeister von Dannenberg (Parteilos)
Seit 2006	im Hauptamt Samtgemeindebürgermeister der Samtgemeinde Elbtalaue; im Nebenamt Stadtdirektor der Städte Hitzacker (Elbe) und Dannenberg (Elbe)

Im Interview spricht Rüdiger Hansen über seine Funktion im Amt, die Bevölkerungsstruktur vor Ort, die Bedeutung öffentlicher Einrichtungen für die Gemeinden sowie die Situation und die Chancen der VERDO GmbH:[7]

Welche Aufgabenfelder gehören zu Ihrer politischen Arbeit als Samtgemeindebürgermeister?
Meine politischen Schwerpunkte als Samtgemeindebürgermeister liegen in der Entwicklung des ländlichen Raumes, dazu gehören natürlich auch die Zentren Dannenberg und Hitzacker. Dannenberg mit dem Schwerpunkt Einzelhandel und Gewerbe, Hitzacker mit dem Schwerpunkt Tourismus. In den Dörfern versuchen wir – in Teilen haben wir das ganz erfolgreich geschafft–, die Infrastruktur so zu erhalten, dass man nicht wegen jeder Angelegenheit nach Dannenberg, Hitzacker oder in die umliegenden Städte fahren muss.

Wir arbeiten an einer guten Erreichbarkeit unserer öffentlichen Einrichtungen, der öffentliche Nahverkehr in Lüchow-Dannenberg ist zum Teil sehr notleidend – dies muss man deutlich sagen. Wir hätten gerne eine verbesserte Situation, besonders was die Bahnverbindung Dannenberg–Lüneburg über Hitzacker betrifft.

---

[6]Der Name Rüdiger Hansen wurde als Pseudonym gewählt.
[7]Das persönliche Interview hat die Verfasserin dieser Case Study mit dem Samtgemeindebürgermeister der Samtgemeinde Elbtalaue am 20.07.2012 geführt.

Wie entwickelt sich denn der Ausbau des öffentlichen Nahverkehrs in den einzelnen Gemeinden?
Die Stadt Dannenberg macht seit vier Jahren gemeinsam mit dem Landkreis und der Gemeinde Dömitz ein Rufbusprojekt über die Elbe, um den Bahnanschluss an Dömitz und Ludwigslust sicherzustellen. Dort befindet sich eine sehr vitale Bahnlinie, und zwar die Hauptstrecke zwischen Hamburg und Berlin. Hitzacker an dieses Netz anzuschließen, kann ich mir leider nicht vorstellen, das müsste über die Stadt Hitzacker finanziert werden und dort sind wir, wie bekannt ist, nicht so üppig aufgestellt, weil wir mit dem „AZH", dem „Archäologischen Zentrum Hitzacker" und auch dem VERDO hohe finanzielle Belastungen zum Haushalt haben, die schwerwiegend sind.

Bitte charakterisieren Sie die Region und Ihre Bevölkerung
In Lüchow-Dannenberg herrscht ein regelrechtes Regionalbewusstsein, das aber ganz unterschiedlich im Landkreis ausgeprägt ist. Wir werden ja landläufig als „Wendland" bezeichnet, das gilt zumindest kulturhistorisch nicht für den Nordkreis, das muss man eindeutig sagen, da gibt es durchaus Unterschiede in der Betrachtung, so sieht das auch die Bevölkerung. Nichtsdestotrotz gibt es aber auch Gemeinsamkeiten, die haben sich in der Vergangenheit immer wieder im Gorleben-Widerstand gegen den Atommüll niedergeschlagen, aber natürlich auch in anderen Bereichen, wie beispielsweise der Kultur. Einmal im Jahr findet im „Wendland" die „Kulturelle Landpartie" statt. Das ist für uns eine wichtige, jährlich stattfindende Veranstaltung, wo regionale Künstler und Handwerker ihre Arbeiten präsentieren.

Wie steht es um das Ehrenamt?
Die Menschen an sich, die hier leben, zeichnen sich ein Stück weit dadurch aus, dass sie einen großen Gemeinschaftssinn haben. Das zeigt sich bei den funktionierenden Dorfgemeinschaften. Darauf kann man bauen. Dennoch haben wir Schwierigkeiten, Engagement bei kontinuierlicher Vereinsarbeit, bzw. ehrenamtlichen Tätigkeiten zu bekommen. Aber es scheint auch ein gewisser Trend zu sein, dass Leute sehr wohl bereit sind sich ehrenamtlich für Projekte zu engagieren, die einen überschaubaren Anfangs- und Endzeitpunkt haben. Das ist ein Trend, den wir feststellen.

Wie steht es um die Unterstützung von Unternehmen für den Kultursektor in der Region?
Wir haben hier in Lüchow-Dannenberg durchaus wirtschaftlich starke Unternehmen wie z. B. unsere größten Unternehmen die „SKF"[8] in Lüchow und „ContiTech"[9]

---

[8]SKF, Lieferant aus den Kompetenzbereichen Wälzlager und Wälzlagereinheiten, Dichtungen, Mechatronik und Linearsysteme, Dienstleistungen sowie Schmiersysteme.
[9]ContiTech AG, Kompetenzzentrum für Kunststoffverarbeitung.

3.2 Vorstellung der Hauptakteure

in Dannenberg[10]. Wir stellen aber fest, dass diese Unternehmen konzerngesteuert sind. Sie haben zwar eine Menge Mitarbeiter aus dem gesamten Einzugsbereich, aber die Bindung an kulturellen Einrichtungen vor Ort und finanzielle Unterstützung gibt es kaum. Aber es gibt durchaus Unternehmen, wie die Firma „Nya nordiska"[11], die immer wieder einzelne kulturelle Veranstaltungen, wie beispielweise die „Sommerlichen Musiktage", unterstützen.

Gerade im Hinblick auf Kultur wollen wir uns demnächst mit Wirtschaftsunternehmen treffen, um herauszuarbeiten, was es hier für Möglichkeiten im Bereich Kultur mit „Public-Private-Partnership" gibt. Es existiert die Kulturstiftung der Sparkassen und der Volksbanken. Aber Förderer oder Partner aus dem Bereich Wirtschaft zu bekommen, ist eine relativ neue Sache, und wir versuchen neue Wege zu gehen. Die Handwerksbetriebe in der Region engagieren sich ja schon besonders im sportlichen Bereich, im kulturellen Bereich ist das bis jetzt noch sehr stark eingegrenzt.

Können Sie die finanzielle Situation der VERDO GmbH schildern, wer trägt die Verantwortung?
Die VERDO GmbH steht im Eigentum der Stadt Hitzacker und der Samtgemeinde Elbtalaue. Das Veranstaltungshaus ist wie gesagt eine starke Belastung für die Samtgemeinde Lüchow-Dannenberg und die Stadt Hitzacker. Eigentlich wäre das VERDO nicht nur Aufgabe der Stadt Hitzacker sondern, – so war es ja auch früher einmal angelegt –, eine regionale Aufgabe, und in der Vergangenheit hat auch der Landkreis finanziell mitgewirkt. Das ist im Rahmen von Haushaltskonsolidierungen abgebrochen worden. Die negative Begleiterscheinung ist nun, dass die Stadt und die Samtgemeinde Elbtalaue sehen müssen, wie sie das Ganze allein stemmen können.

Welche Gesellschafterstruktur hat die VERDO GmbH?
Die VERDO GmbH hat acht Gesellschafter, die Stadt Hitzacker stellt sechs und die Samtgemeinde stellt zwei. Ich bin einer der Vertreter der Samtgemeinde Elbtalaue. In erster Linie sind die Gesellschafter Ratsmitglieder, die aus dem Raum Hitzacker stammen, sie haben einen unterschiedlichen beruflichen Hintergrund – vom Verwaltungsangestellten über den Pensionär bis hin zum Manager. Die Schwerpunkte als Gesellschafter liegen in der Geschäfts- und Finanzkontrolle und ihrer Entwicklung.

---

[10]Weitere große Industriebetriebe in Lüchow-Dannenberg: WZT (Wendland Zerspanungstechnik), Hitzacker/Brennelementlager Gorleben GmbH - BLG, Tochtergesellschaft der Gesellschaft für Nuklear-Service (GNS), Gorleben/Transportbehälterlager Gorleben (TBL Gorleben), Gorleben/Pilotkonditionierungsanlage (PKA), Gorleben/Erkundungsbergwerk für Endlager, Gorleben.

[11]Nya nordiska, Textilverlag in Dannenberg.

Welche Fragen sollten bei den Gesellschaftertreffen vor allem diskutiert werden?
Wie wollen wir künftig mit dem VERDO umgehen, wo sollen unsere Schwerpunkte liegen, wie gehen wir weiterhin mit dem VERDO um? Alle diese Dinge sind Bestandteile und auch Themen, mit denen sich die Gesellschafter auseinandersetzen müssen. Wie können wir die einzelnen Bereiche im VERDO in Zukunft aufstellen, wie können wir uns langfristig an die VERDO Gastronomie binden, damit wir zumindest eine verlässliche Größe in der Gastronomie vor Ort haben?

Wie steht es Ihrer Meinung nach um das Mitarbeiterteam im VERDO?
Im operativen Geschäft haben wir sehr engagierte Mitarbeiter, aber aufgrund des Umfangs und der finanziellen Lage besteht eine hohe Frustration. Es gibt Schwierigkeiten mit der Bewältigung. Die Geschäftsführung müsste in bestimmten Bereichen noch selbständiger, noch kreativer werden. Das Problem ist natürlich, dass so ein Gebäude mit so einem Umfang und so wenig Personal, das nicht leisten kann.

Wo liegt das Kernproblem des Veranstaltungshauses?
Das Problem ist, wenn wir die finanziellen Rahmenbedingungen so behalten, können wir gar nichts verändern. Wir müssten das VERDO anders strukturieren, vielleicht an andere Betriebe knüpfen, dann könnte man zusätzlich Einnahmen generieren, dann bestehen natürlich andere Möglichkeiten.

Was sonst ist noch zu tun?
Man könnte das Marketing verbessern, neue Querverbindungen zu der regionalen Tourismusstruktur aktivieren, da sind Potenziale vorhanden, die noch nie ernsthaft erhoben worden sind.

Wo liegen klare Versäumnisse?
Es wäre Zielführend gewesen, wenn das VERDO einen Hoteltrakt hätte, das hätte uns sicherlich schon in der Vergangenheit viele Vorteile gebracht, doch diese Chance war uns einmal gegeben, und die ist nicht ergriffen worden und das werden wir wohl nicht noch mal erleben.

Was soll die Zukunft bringen, welche Ideen zur Verbesserung schlagen Sie vor?
Mittelfristig schwebt mir vor, dass wir das Gebäude modernisieren, durch nachhaltige Energieversorgung. Vielleicht macht es Sinn, hier ein Blockheizkraftwerk aufzustellen, wo wir einerseits die Wärme nutzen für das Haus und den Strom verkaufen, um zusätzliche Einnahmequellen für das VERDO zu generieren.

Oder wir müssen dem VERDO ein zusätzliches Profil geben. Das VERDO ist nicht nur reiner Veranstaltungsort sondern ein Anlaufpunkt, der noch thematisch näher festgeschrieben werden sollte, da gibt es Themen wie „Deutsche Einheit", Natur und Naturerleben. Mit einem weiteren Baustein können wir die Besucher von Hitzacker dazu bringen, sich gezielt für das VERDO zu interessieren. Es gibt sicherlich noch weitere Ideen, wie z. B. eine Barrierefreie Aussichtsplattform, die man in den Elbhang hineinplatzieren könnte, wo man einen besonderen Ausblick hätte. Das würde zumindest für das VERDO und für die Gastronomie eine Stärkung bedeuten, weil die Gastronomie, die wir hier im VERDO haben, saisonabhängig zwischen Winter und Frühjahr leidet.

Was ist das Besondere am VERDO, warum sollte es bleiben?
Wir müssen den Menschen in dieser Region deutlich machen, dass dies ein bemerkenswertes und ganz tolles Veranstaltungszentrum nicht nur für Hitzacker, sondern für die ganze Region ist. Hier in Hitzacker haben wir schon einige Veranstaltungen gehabt, die wenn wir das VERDO nicht gehabt hätten, nicht hätten durchführen können: Beispielsweise die „Städtetage" aber auch internationale Kongresse. Im Umkreis von 50 km haben wir nichts Vergleichbares und, ich sage mal, wenn man so etwas hat, dann muss man es auch ein Stück weit weiterführen, finanziell und inhaltlich.

Wenn wir das VERDO schließen müssten, wäre das eindeutig ein Rückschritt, besonders vor dem Hintergrund, dass die Stadt Hitzacker ihren Schwerpunkt im Bereich Tourismus und Kultur hat.

Herr Ludwig Bentin[12]
Gesellschafter der VERDO GmbH
Geboren 1961 in Prisser jetzt Dannenberg (Elbe), lebt in Hitzacker

1981–2011	Verwaltungsangestellter, Samtgemeinde Dannenberg
Seit 2006	Gesellschafter des VERDO
Seit 2011	Ehrenamtlicher Bürgermeister der Stadt Hitzacker (Elbe), (FDP)

---

[12]Der Name Ludwig Bentin wurde als Pseudonym gewählt.

Im Interview spricht Ludwig Bentin über die kulturelle Bedeutung und die wirtschaftliche Situation der Stadt Hitzacker (Elbe):[13]

Welche Aufgaben verfolgen Sie als Bürgermeister von Hitzacker?
Ich bin seit November 2011 Bürgermeister der Stadt Hitzacker. Meine Kernaufgaben sind die Vermarktung und Weiterentwicklung des „Kneippkurort Hitzacker" sowie seine Attraktivitätssteigerung.

Was bietet die Stadt?
Unsere kleine Fachwerkstadt ist touristisch sehr gut aufgestellt. Sie liegt direkt am Elberadweg im UNESCO geschützten Gebiet Elbtalaue und bietet neben den zahlreichen Übernachtungs-möglichkeiten von einfachen Ferienappartement bis zum Vier-Sterne-Hotel eine Vielzahl von Freizeitangeboten: Das Biosphärenreservat, zwei Museen, eine Bücherei, Wander-, Fahrrad- und Wassersportmöglichkeiten, einen Kneipp- und Kurgarten, Schifffahrten auf der Elbe usw. Und natürlich auch das Kultur- und Tagungszentrum VERDO mit seinen zahlreichen Events, wie z. B. die überregional bekannten „Sommerlichen Musiktage" Hitzacker.

Wie steht es um die Wirtschaftlichkeit der Stadt?
Wir leiden zwar nicht so extrem unter dem demographischen Wandel wie unsere Nachbarorte, aber die wirtschaftliche Situation von Hitzacker sieht trotzdem nicht besonders rosig aus. Seit dem Ausstieg des Landkreises aus der VERDO GmbH und dem Archäologischen Zentrum bleiben die Kosten des VERDO zu 75 % bei den 5.000 Einwohnern hängen und diese können die Kosten nicht bewerkstelligen. Ich hoffe, dass wir diese Ausgaben in Zukunft über den Tourismus, genauer genommen über einen Kurbeitrag, minimieren können.

Welche Rolle übernimmt das VERDO für Hitzacker?
Das VERDO ist nicht nur ein Verlustbringer, sondern auch ein Gewinnbringer für unsere Stadt. Hier können kleine sowie große Veranstaltungen stattfinden, zweimal im Jahr locken traditionelle Großveranstaltungen wie die „Sommerlichen Musiktage" oder die winterliche „Musikwoche Hitzacker" über mehrere Tage ein regionales und auch überregionales Publikum. Und man muss hier auch nochmal deutlich sagen, dass ein Kulturveranstaltungshaus immer zu den Verlustgeschäften einer Kommune zählt.

---

[13]Das persönliche Interview hat die Verfasserin dieser Fallstudie mit dem Bürgermeister der Stadt Hitzacker am 03.09.2012 geführt.

3.2 Vorstellung der Hauptakteure

Wie könnten Sie das Finanzloch, welches durch das VERDO entsteht, schließen?
Ein Veranstaltungshaus mit einem privaten Partner könnte eventuell einen positiven Haushalt generieren. Für Hitzacker wäre es toll, wenn ein Investor fürs VERDO gefunden würde. Dieser müsste der Stadt bei Übernahme garantieren, dass die Musikfestivals weiterhin in Hitzacker stattfinden können. Nur leider gab es bis heute keinen Interessenten.

Welche Verantwortung tragen die Gesellschafter des VERDO, und damit auch Sie?
Wir, die Gesellschafter, müssen uns effektiv Gedanken machen, wie das VERDO noch mehr sparen kann oder neue Einnahmenquellen generiert...

... und die Geschäftsführung des Hauses... ?
Der Geschäftsführerin, Frau Schumann, sind mit ihrer Halbtagstelle die Hände gebunden, sie schafft es gerade noch, das alltägliche Geschäft zu meistern. Neue Veranstalter zu akquirieren oder selber Veranstaltungen durchzuführen, wie z. B. ein Kino, dafür reicht ihre Arbeitszeit nicht aus. Leider reichen die finanziellen Mittel zur Aufstockung der Arbeitsstelle oder für eine Neueinstellung ebenfalls nicht aus. Hier beißt sich die Katze in den Schwanz.

Frau Jennifer Blunt[14]
Vorsitzende der „Sommerlichen Musiktage Hitzacker"
Geboren 1945 in Kalifornien (USA), lebt in Celle

1968–1971	Studium deutsche Sprache und Literatur
1978–1982	Beirat des Katholischen Forums Niedersachsen
1980–1990	Mitglied im Hochschulrat der Hochschule für Musik und Theater Hannover
1999–2009	Leiterin Programmabteilung der Stiftung Niedersachsen
2001–2009	Vorsitzende der Niedersächsischen Musikkommission
Seit 2009	Vorsitzende der Sommerlichen Musiktage Hitzacker

---

[14]Der Name Jennifer Blunt wurde als Pseudonym gewählt.

Im Interview spricht Jennifer Blunt über die „Sommerlichen Musiktage" und über das VERDO in Hitzacker (Elbe), dem traditionellen Austragungsort des Festivals:[15]

Wie kam es dazu, dass Sie die Vorsitzende der „Sommerlichen Musiktage" wurden?
Ich glaube sehr an das, was die „Sommerlichen" tun. Kurz vor meinem Ruhestand als Leiterin der Programmabteilung der Stiftung Niedersachsen hat mich der alte Vorstand der „Sommerlichen" einfach so eingewickelt, ja eingefangen, sodass ich 2009, für den Vorstand der „Sommerlichen Musiktage" gewonnen werden konnte. Seitdem bin ich verantwortlich für die Finanzierung des Festivals, für das nachhaltige Vorrankommen, die Unterstützung des Festivalteams, die Vernetzung mit anderen Festivals und Organisationen in und außerhalb von Niedersachsen.

Was ist Ihnen bei Ihrer Arbeit besonders wichtig?
Meine inhaltlichen Schwerpunkte liegen darin: nicht zu schlafen, sondern nach vorne zu schauen und zwar so, dass das älteste Kammermusikfestival mit seiner künstlerischen Gestaltung – für die ich im Übrigen keineswegs zuständig bin –, erfolgreich durchgeführt werden kann. Besonders strebe ich eine Vernetzung mit der örtlichen Wirtschaft, Unternehmen und Geschäften an, nicht nur finanziell sondern auch inhaltlich: Dass sie alle bereit sind mit zu machen und das Handeln der „Sommerlichen" zu verinnerlichen. Dass sie alle sagen, die „Sommerlichen", das ist unser Festival der Region. Ganz wichtig ist natürlich auch, aber das trifft für alle Kulturveranstaltungen zu, neue Mitglieder, neues Publikum und zwar ein Alterssenkendes zu gewinnen.

Welche Bedeutung hat der Austragungsort des Festivals?
Der Raum um das Festival spielt eine große Rolle. Am allermeisten prägt die Kulturlandschaft Elbtalaue das Festival. Eine Kulturlandschaft ist eine von Menschenhand weiterverarbeitete Naturlandschaft. Die Elbtalaue ist eine ausgesprochen hübsche, eine ausgesprochen schöne, gefällige Kulturlandschaft: mit dem Flusslauf, den Dünen, dem Salzwiesen Marsch, mit dem Wechsel zwischen Landwirtschaft und verschiedenen Gartenanlagen, mit den ausgebauten Fahrradwegen, von denen man aus in die verschiedenen Landschaftsaspekte wirklich hineintauchen kann… Also dies alles, in seiner atmosphärischen Ausstrahlung, dazu gehört auch übrigens die Stadt Hitzacker als bebaute Insel, prägen die „Sommerlichen

---

[15]Das persönliche Interview hat die Verfasserin dieser Fallstudie mit der Vorsitzenden der Sommerlichen Musiktage Hitzacker am 02.07.2012 geführt.

Musiktage Hitzacker". Und nicht zu vergessen das oben auf dem Hügel stehende VERDO. Das VERDO an und für sich, als Gebäude als Dienstleister ist unerlässlich für uns. Kein VERDO, kein Festival.

Dennoch, es gibt Probleme! Wieso finden die „Sommerlichen" hier statt?
Das VERDO wurde in den 1970er-Jahren für uns gebaut. Damals war die Architektur eine deutliche politische Aussage, hier da drüben guck mal an, was wir hier haben, das ist hier nicht Zonenrandgebiet, das ist hier nicht hinter dem Deich, das ist hier ein Ort, wo wir etwas ganz Tolles haben, und zwar ‚state of the art'. Das Problem ist, es wurde seitdem nicht auf eine sinnvolle Art und Weise verändert und gepflegt, deswegen wirkt es heute ziemlich veraltet und verstaubt, aber die Akustik ist klasse! Die Künstler lieben die Akustik.

Was hat es mit der Namensfindung VERDO auf sich?
Damals hieß das VERDO Kurhaus, weil man irgendwie einen gefälligen Begriff suchte, um das Gebäude in den Ort einzubetten. Das hat nicht funktioniert (‚did not work!') und dann hat man dieses VERDO als Namen genommen, als Versuch, etwas Ungewöhnliches zu machen und dadurch die Attraktivität zu steigern. VERDO ist eine Ableitung des italienischen Wortes „verde", was grün bedeutet und in diesem Zusammenhang symbolisch für die Natur stehen soll.

Was finden die Besucher im VERDO vor? Was macht das Haus attraktiv?
Wenn man das erste Mal zum VERDO kommt, denkt man, warum befindet sich an diesem Ort so eine große Halle? Das ist immer die erste Reaktion. Es ist die größte Halle in Lüneburg und Umgebung, das muss man einfach sagen. Aber das Gebäude ist nicht gemeint als Halle, es ist gemeint als Festspielhaus! Schön ist es, in dem Moment wo es anfängt zu leben, wenn die „Sommerlichen" ausbrechen, wenn die Halle voll ist, und eine fantastische Künstlerin auf der Bühne steht. Das Haus funktioniert gut, wenn es voll ist.

Was würde mit den „Sommerlichen Musiktagen" geschehen, wenn das VERDO geschlossen würde?
Das VERDO ist für uns gebaut worden, für uns hat das Gebäude Tradition, es gibt hier keinen anderen Raum, der unser Publikum fassen kann, es sei denn, wir würden alles dezentralisieren, das würde logistisch einen Horror bedeuten. Die Mehrzweckhallen in dieser Region sind alle zu klein. Sogar Lüneburg hat keine Halle in dieser Größe. Gut wenn der „Liebeskindbau" von der „Leuphana-Universität" fertig ist, dann könnten wir da reingehen, aber dann wären das die „Sommerlichen Musiktage Lüneburg". Dafür stehe ich nicht zur Verfügung!

Welche Vorteile bietet das VERDO im Hinblick auf das Veranstaltungsmanagement?
Das VERDO erlaubt uns, unserer Kraft an einem Ort zu bündeln, vom Kartenverkauf über die Künstlerbetreuung bis hin zur Aufführung an einem Ort. Es gibt eine gute Anfahrt und ausreichende Parkplätze. Wenn man 400 Autos hier in der Stadt parken wollte, wäre das ein Chaos. Und es gibt diesen sagenhaften Blick in die Weite, einer der schönsten Blicke in Europa ist von der Terrasse vom VERDO.
Innen hat das VERDO eine flexible Bühne mit ‚backwards' und Vorhängen, was von Vorteil ist. Die Zusammenarbeit mit dem VERDO ist reibungslos und perfekt. Frau Schumann ist absolut offen, macht gute Vorschläge und hilft uns, wo sie kann.

Und das Restaurant?
Das Restaurant im VERDO macht sich allmählich. Das war viele Jahre ein Problem. Seit dem Herr Waltzer die Geschäftsführung übernommen hat, macht sich das Restaurant aber ganz ordentlich.

Wie steht es um die Bühnentechnik?
Die technischen Anlagen sind hoch veraltet, teilweise wirklich im Grenzbereich. Die Dimmer-Anlage könnte z. B. jederzeit zusammenbrechen. Und es gibt auch nur einen Techniker, der das bedienen kann. Wenn Herr Dittmann nicht da wäre, bedeutet das „Sodom und Gomorra" für die „Sommerlichen", zum Glück haben wir unsere Hilfskraft, Herr Ackermann, der weiß auch, wie man die Anlage bedient.

Was müsste sich ändern, was stört Sie noch?
Die Gestaltung des Hauses ist ein bisschen problematisch, der Eingang ist ein Nadelöhr, und dann folgt die Weite, dadurch wird ein gutes Raumgefühl gestört. Die Fliesengestaltung im Eingangsbereich ist wirklich nicht schön und passend für eine Konzerthalle. Die Garderobe ist zu klein. Im Keller bzw. in den Künstlergarderoben stinkt es, weil der Abfluss nicht dicht ist. Die Toiletten im Künstlerbereich sind nicht so gut ausgestattet. Die Bestuhlung ist sehr veraltet, man sitzt nicht berauschend, aber okay. Man kann den Saal nicht innerhalb von anderthalb Stunden ent- und bestuhlen. Dafür wären Stapelstühle geeigneter.

Frau Schumann ist leider nur den halben Tag da, wenn ich nachmittags etwas Dringendes besprechen möchte, muss ich bis zum nächsten Morgen warten.

Der Techniker Herr Dittmann arbeitet nur während der Veranstaltung, das ist wirklich problematisch, wenn man auch vor der Veranstaltung eine technische Frage hat.

3.3 Haushalts- und Liquiditätsplan

Die Abb. 3.6 bis Abb. 3.10 zeigen den Haushalts- und Liquiditätsplan. Die Angaben dazu wurden von der VERDO Hitzacker (Elbe) – Tourismusbetriebsgesellschaft mbH 2012 zur Verfügung gestellt.

VERDO Hitzacker (Elbe) Tourismusbetriebsgesellschaft mbH
Dr.-Helmut-Meyer-Weg 1, 29456 Hitzacker/Elbe

Haushalts- und Liquiditätsplan 01.01.2011 bis 31.12.2011

Einnahmen	Ist 2009	Plan 2010	Ist 10/10	Plan 2011
Erträge Gästeveranstaltungen				
1.1 Garderobe	2.257,58	3.200,00	2.019,49	3.200,00
Erträge Nebengeschäft				
2.1 Büro Sommerliche Musiktage	1.475,00	1.100,00	925,00	1.100,00
2.2 VERDO Saalmiete	34.760,12	38.000,00	18.427,71	34.000,00
2.3 VERDO Catering GbR: Energiekosten 2011	17.344,52	15.600,00	14.453,80	15.350,00
2.4 VERDO Catering GbR: Pachtforderung 2011	9.600,00	9.600,00	8.000,00	9.600,00
2.4a VERDO Catering GbR: Offene Posten per 31.12.2010				31.000,00
2.5 Kartenvorverkauf	2.722,73	4.000,00	1.052,38	1.500,00
2.6 Lohnkostenerstattung	0,00	0,00	0,00	0,00
2.7 Hitzacker See Pacht	2.700,00	2.400,00	2.350,00	2.400,00
2.8 Zinserträge	22,15	0,00	5,52	0,00
2.9 Stadt Hitzacker. Nachschüsse	94.500,00	97.642,00	95.142,00	111.937,00
2.10 Samtgemeinde Elbtalaue; Nachschüsse	31.500,00	32.548,00	35.048,00	37.313,00
2.11 Kostenbeteiligungen: Stromerst Sommerl. Musikt.	109,46	1.800,00	6.128,75	1.800,00
2.12 Hochseilgarten	9.816,84	22.840,00	22.419,91	0,00
2.13 Kostenerstattung Porto u.a		0,00	29.66	0,00
2.16 VERDO Catering GbR (Umfinanz. Fordg.)	35.000,00	9.530,00	1.580,00	9.530,00
2.17 VERDO e.V Finanzierungskalkulation		14.100,00	0,00	14.100,00
Sonstige Erlöse (GuV 2009)	291,44		1.055,86	
Summe Einnahmen	242.099,66	252.360,00	208.638,08	272.830,00

Abb. 3.6 Haushalts- und Liquiditätsplan

Erläuterungen zu den Einnahmen Haushaltsplan 2011:

2.2 Saalmieten: Ansatz 2010 zu hoch: Erlöse lassen sich nicht realisieren
2.3 VERDO Catering GbR: 2010:
Umbau der Motoren für die Kühlräume, in diesem Zusammenhang wird mit einer erheblichen Strom-Einsparung gerechnet.
Ab 01.01.2011 läuft ein 4-Jahresvertrag mit dem Stromanbieter Watt Deutschland, der Strompreis reduziert sich erheblich (siehe Punkt 8.2 Ausgaben)
2.4 VERDO Catering GbR Pachtforderungen:
Im Gespräch ist eine sog. Anerkennungspacht: Höhe unbekannt, bischer wird mtl. EUR 8000,00 berechnet In diesem Zusammenhang soll die VERDO GbR einen Einmalbetrag von EUR 15,000,00 finanziert durch Fremdmittel leisten.
2.3, 2.4 und 2.16: die VERDO GbR hat in der Vergangenheit nur einen geringen Teil der Forderungen beglichen. Im Einnahmebereich stehen die vertraglich vereinbarten Zahlen.
Unter 2.4a sind die Offenen Posten der VERDO GbR aufgeführt, welche zum 31.12.2010 vorhanden sein werden.
Die GbR zahlt zumeist EUR 1.800,00 "Abschlag" auf Miete und Pacht (Bruttobetrag). Im KJ 2010 ist 1 x EUR 800,00 und 1 x EUR 780,00 für den Kapitaldienst gezahlt worden. Vereinbart sind hier mtl. EUR 794,17. Damit fehlt regelmäßig Liquidität:

Pacht/NK (Netto)	mtl.	2079,17 €
Kapitaldienst (o. USt)	mtl.	794,17 €
SUMME Forderungen	mtl.	2873,33 €
Zufluss von Seiten der GbR im		
Monatsdurchschnitt: Abschlag Miete/Pacht	(Netto)	1.512,61 €
Monatsdurchschnitt: Abschlag Kapitaldienst	(o. Ust)	131,67 €
Ergebnis: Offene Posten	mtl.	1.229,06 €
Ergebnis: Offene Posten	im Jahr	14.748,74 €

2.9 und 2.10 Nachschüsse Stadt Hitzacker und Samtgem. Elbtalaue:
Aufgrund der Forderungsbestände VERDO GbR fehlen die entsprechenden liquiden Mittel für den Haushalt 2011. Um den Haushalt ausgeglichen darzustellen sind die Nachschüsse entsprechend ausgewiesen worden. Zahlt die VERDO GbR die Forderungen und einen Ausgleich für die aufgelaufenen Offenen Forderungen nicht, müssten die Nachschüsse erhöht werden.

Abb. 3.7 Erläuterung zu den Einnahmen Haushaltsplan 2011

3.4 Bilanz

Die Abb. 3.11 und Abb. 3.12 zeigen die Bilanz-, Gewinn- und Verlustrechnung. Die Angaben dazu wurden von der VERDO Hitzacker (Elbe) – Tourismusbetriebsgesellschaft mbH 2012 zur Verfügung gestellt.

3.5 Wettbewerb

Folgende Veranstaltungshäuser stehen im direkten Wettbewerb mit der VERDO GmbH:

3.5 Wettbewerb

Ausgaben	Ist 2009	Plan 2010	Ist 10/10	Plan 2011
Investitionen				
3.1 Anlagevermögen (Notstromag.)	1.745,18	0,00	8.260,79	1.000,00
Personalaufwand (*)				
4.1 Gehälter Verwaltung VERDO	34.830,42	33.750,00	28.269,63	34.500,00
4.2 Gehälter VERDO	46.354,26	43.350,00	37.056,35	44.300,00
4.3 Aushilfe VERDO	1.600,14	2.000,00	0,00	1.000,00
4.4 Fremdpersonal - Frau Fandrich -	636,00	0,00	700,00	1.000,00
Steuern und Abgaben				
5.1 Grundsteuer Kurhaus - VERDO	7.568,28	7.600,00	5.679,72	7.600,00
5.2 Kanalbenutzung + Niederschlagswasser	1.661,20	1.450,00	1.510,13	2.160,00
5.3 Müll	1.312,80	1.250,00	1.281,60	1.250,00
Versicherungen und Beiträge				
6.3 Versicherungen	5.971,79	5.000,00	5.759,70	5.900,00
6.4 Beiträge	665,00	800,00	1.028,57	1.000,00
Instandhaltungskosten				
7.1 Brunata Wärmedienst	148,83	800,00	739,00	800,00
7.2 Geschäfts- und Betriebsausstattung	1.840,01	1.500,00	2.034,69	2.000,00
7.3 Wartung: Klimaanlage	1.656,56	1.300,00	1.349,19	1.500,00
7.4 Wartung: Heizung	1.113,25	1.000,00	555,20	1.000,00
7.5 Wartung: Bühne	2.558,00	5.800,00	8.091,88	2.100,00
7.5a Bühnenvorhang (Finanzierung über 3 KJ ab 2010)				2.720,00
7.6 Wartung: Brandmeldanlage	2.124,98	1.500,00	1.916,44	2.420,00
7.7 Gebäudeunterhaltung VERDO	2.176,16	10.900,00	5.309,98	2.700,00
7.8 Wartung Batterieanlage und Notstrom				600,00
Energieaufwand				
8.1 Heizung (+ Erdgas Restaurantküche)	17.804,79	12.000,00	8.417,88	12.000,00
8.2 Strom Kurhaus - VERDO	22.360,18	20.900,00	16.881,59	17.350,00
8.3 Wasser	399,46	400,00	297,21	400,00
Arbeitsmittel				
9.1 Reinigung	1.468,72	1.000,00	1.107,09	1.300,00
Aufwand Gästeveranstaltungen				
10.1 allgem. Veranstaltungsausgaben	41,70	1.200,00	720,90	900,00
10.2 Feuerwache	875,16	300,00	0,00	300,00
10.3 Gema und GEZ	0,00	0,00	0,00	0,00
10.4 VERDO e.V. Kostenschätzung	0,00	14.100,00	2119,61	14.100,00
Werbekosten				
11.1 Innenwerbung/Deko	1.411,37	500,00	1.089,34	500,00
11.2 VERDO Marketing	4.431,44	2.500,00	985,00	2.500,00

Abb. 3.8 Ausgaben 2011 Teil 1

Büro- und andere Aufwendungen				
12.2 Porto und Versandkosten	353,35	500,00	391,60	500,00
12.3 Telefon und Fax	1.017,94	1.100,00	753,46	1.100,00
12.4 Bürobedarf	512,11	700,00	635,84	700,00
12.5 Steuer- u. Wirtschaftsberatung	8.792,14	9.500,00	6.023,96	9.500,00
12.6 sonstige Kosten	905,51	500,00	873,03	500,00
12.7 Hochseilgarten	9.816,84	22.830,00	22.419,90	0,00
Kapitaldienste VERDO				
13.0 Kassenkredit (incl. TEUR 45, 10,25 % Zinsen)	900,72	500,00	224,58	4.800,00
13.0a Volksbank KK zum 31.12.2011 zu tilgen				45.000,00
13.1 Zins und Tilgung/Darlehen	35.411,06	36.300,00	35.411,08	36.300,00
13.2 Kredit VERDO Catering GbR Zins und Tilgung	2.382,57	9.530,00	7.941,90	9.530,00
Summe der Ausgaben	222.847,94	252.360,00	215.836,84	272.830,00

Abb. 3.9 Ausgaben 2011 Teil 1

Erläuterungen zu den Ausgaben Haushaltsplan 2011:

3.1 Anlagevermögen:	tatsächliche Kosten 2010: Notstrom-Ag. Enthalten
4.1 und 4.2 Löhne/Gehälter:	hier sind 2 % tarifliche Erhöhungen berechnet worden
5.2 Abwasser:	ab 2011 ist ein Entgelt für „Dachentwässerung" zu entrichten
5.3 Müllgebühren:	die Müllgebühren sollten erhöht werden: Ansatz wie 10
7.6 Wartung: Brandmeldanlage	incl. LK Aufschaltung EUR 600,00
9.1 Reinigungskosten:	hier werden in 2011 diebstahlsichere Toilettenpapierhalterungen und Seifenspender eingebaut: d.h. EUR 300,00 „Umrüstkosten" eingerechnet
13.0 Kassenkredit	Das Sparkassenkonto wird mit ca. -TEUR 10,00 geführt werden, die Volksbank hat einen Kontokorrent-Kardit von -TEUR 45 eingeräumt. Dieser Kontokorrentkredit ist zum 31.12.2011 wieder auszugleichen.

Abb. 3.10 Erläuterung zu den Ausgaben Haushaltsplan 2011

Theater an der Ilmenau, Uelzen

Typ:	Gastspieltheater
Leistung:	Raumvermietung & Gastronomie
Angebot:	Musical, Show, Konzert, Schauspiel, Oper, Operette, Ballett, Comedy, Kinder- und Jugendvorstellungen
Kapazität:	bestuhlt/unbestuhlt
Theater:	800/-

3.5 Wettbewerb

Blatt 1

BILANZ zum 31. Dezember 2010

VERDO Hitzacker (Elbe) Tourismusbetriebsgesellschaft mbH
Hitzacker/Elbe

AKTIVA

	EUR	Geschäftsjahr EUR	Vorjahr EUR
A. Anlagevermögen			
I. Immaterielle Vermögensgegenstände			
1. entgeltlich erworbene Konzessionen, gewerbliche Schutzrechte und ähnliche Rechte und Werte sowie Lizenzen an solchen Rechten und Werten		1,00	1,00
II. Sachanlagen			
1. Grundstücke, grundstücksgleiche Rechte und Bauten einschließlich der Bauten auf fremden Grundstücken	642.108,11		664.158,11
2. technische Anlagen und Maschinen	53.254,00		73.232,00
3. andere Anlagen, Betriebs- und Geschäftsausstattung	11.318,00	706.680,11	14.823,00
III. Finanzanlagen			
1. Genossenschaftsanteile		102,26	102,26
B. Umlaufvermögen			
I. Vorräte			
1. fertige Erzeugnisse und Waren		2.173,12	1.772,27
II. Forderungen und sonstige Vermögensgegenstände			
1. Forderungen aus Lieferungen und Leistungen	31.308,04		26.586,60
2. sonstige Vermögensgegenstände	85,53	31.393,57	889,10
III. Kassenbestand, Bundesbankguthaben, Guthaben bei Kreditinstituten und Schecks		690,90	1.702,71
C. Rechnungsabgrenzungsposten		1.110,00	2.852,82
		742.150,96	786.119,87

Abb. 3.11 Bilanz

Blatt 4

GEWINN- UND VERLUSTRECHNUNG vom 01.01.2010 bis 31.12.2010

VERDO Hitzacker (Elbe) Tourismusbetriebsgesellschaft mbH
Hitzacker/Elbe

	EUR	Geschäftsjahr EUR	Vorjahr EUR
Übertrag	64.740,84-	49.890,88-	100.981,71- 59.001,50-
ac) Reparaturen und Instandhaltungen	2.766,21		1.840,01
ad) Werbe- und Reisekosten	5.857,66		6.759,67
ae) Kosten der Warenabgabe	700,00		636,00
af) verschiedene betriebliche Kosten	12.862,52		12.893,85
b) Verluste aus Wertminderungen oder aus dem Abgang von Gegenständen des Umlaufvermögens und Einstellungen in die Wertberichtigung zu Forderungen	3.954,00		17.245,00
c) sonstige Aufwendungen im Rahmen der gewöhnlichen Geschäftstätigkeit	605,08		727,89
		91.486,31	99.103,92
7. sonstige Zinsen und ähnliche Erträge		7,36	22,58
8. Zinsen und ähnliche Aufwendungen		19.065,15	18.878,23
9. Ergebnis der gewöhnlichen Geschäftstätigkeit		160.434,98-	159.939,78-
10. außerordentliche Erträge		1.237,57	273,19
11. außerordentliches Ergebnis		1.237,57	273,19
12. Steuern von Einkommen und vom Ertrag	0,83		0,43
13. sonstige Steuern	7.568,28		7.568,28
		7.569,11	7.568,71
14. Jahresfehlbetrag		166.766,52	167.235,30

Abb. 3.12 Gewinn- und Verlustrechnung

3.5 Wettbewerb

Mehr Informationen unter: http://www.uelzen.de/desktopdefault.aspx/tabid-6842

Jabelmannhalle, Uelzen
Typ: Mehrzweckhalle
Leistung: Raumvermietung & Gastronomie & Catering
Angebot: Party & Nightclub, Comedy & Theater, Märkte & Messen, Konzerte & Festivals
Kapazität: bestuhlt/unbestuhlt
Halle: 660/1300
Balkon: 120/300
Gesamt: 780/1.600
Foyer: –/180

Mehr Informationen unter: www.jabelmannhalle.de

Stadthalle Uelzen
Typ: Veranstaltungshalle & Hotel
Leistung: Raumvermietung & Gastronomie & Catering
Angebot: Tagungen, Seminare, Familienfeiern, Ausstellungen, Events
Kapazität: bestuhlt/unbestuhlt
Großer Saal: 320 – 600/1.100
Eichensaal I: 30 – 80/90
Eichensaal II: 80 – 150/220
Gildestube: 24 – 35/40
Kimme & Korn: 24/-
Foyer/Sektbar: –/400

Mehr Informationen unter: www.stadthalle-uelzen.de

Kulturhaus und Tennishallen GmbH, Salzwedel
Typ: Mehrzweckhalle
Leistung: Raumvermietung & angrenzende Gastronomie
Angebot: Theaterspielstätte, Konzerthalle, Tagungsort
Kapazität: bestuhlt/unbestuhlt
Große Saal: 550/1.000

Mehr Informationen unter: www.kultour-saw.de/index.php?op=3&button=1&do=kulturhaus

Vamos Kulturhalle, Lüneburg

Typ: Mehrzweckhalle
Leistung: Raumvermietung, Gastronomie
Angebot: Konzerte, Theater, Kleinkunst
Kapazität: bestuhlt/unbestuhlt
Halle: 720/1.150

Mehr Informationen unter: www.vamoskulturhalle.de

Kurhaus Bad Bevensen
Typ: Kurhaus mit Wandelhalle
Leistung: Raumvermietung & Gastronomie & Unterhaltung
Angebot: Theaterspielstätte, Konzerthalle, Gastronomie, Heilbad, Kurzentrum

Mehr Informationen unter: www.bad-bevensen-tourismus.de

Kulturhaus Wittenberge
Typ: Mehrzweckhalle
Leistung: Raumvermietung, Gastronomie (Indoor und Open-Air)
Angebot: Konzerte & Festivals, Theater, Tagungen, Familienfeiern, Ausstellungen, Events
Kapazität: bestuhlt/unbestuhlt
Großer Saal: 661/800
Kleiner Saal: 88/160
Paul-Lincke-Platz (Open-Air): 200/-
Theaterkeller (Restaurant) im Sommer mit Biergarten: 60/-

Mehr Informationen unter: www.wittenberge.de/verzeichnis/visitenkarte.php?mandat=50294

3.6 Marketing/Vertrieb

Die Marketing- und Vertriebsmaßnahmen wurden aufgrund der angespannten Haushaltslage des VERDO auf ein Minimum reduziert. Die Finanzmittelbereitstellung für das Marketing lag im Jahr 2008 bei 4.000 €, reduzierte sich aber in den Jahren 2009 bis 2012 auf 2.500 €.

In den letzten fünf Jahren investierte das VERDO in folgende Marketingmaßnahmen:

3.6 Marketing/Vertrieb

Im Jahr 2011 modernisiert das Unternehmen seine Internetpräsenz mit einem Kostenaufwand von 2.500 €. Die Website wurde in fünf Sparten ausgerichtet: Programm, Vermietung, Restaurant, Natur pur (Rund ums VERDO) und Tickets.[16] Zur Internetpräsenz kommentiert VERDO Geschäftsführerin Sabine Schumann:

„Die Internetseite wird relativ häufig besucht, im Jahr 2012 hatten wir ungefähr 9.700 User. Die Seite ist mit anderen Anbietern verlinkt, z. B. mit dem Marktplatz Lüchow-Dannenberg, den Sommerlichen Musiktagen, der Musikwoche Hitzacker und der ALMA Elbtalaue e.V., sowie dem Portal für Eventlocations, hamburg-locations.com. Die EWT, also die Elbtalaue-Wendland Touristik GmbH hat uns nicht direkt verlinkt, hier tauchen bestenfalls Veranstaltungen auf, die bei uns stattfinden. Seit Juni 2012 versuche ich das VERDO auch auf Facebook zu präsentieren, das gelingt mir jedoch mehr schlecht als recht, da mein Zeitbudget zu gering ist, um dieses schnelllebige Vermarktungsinstrument zu füttern."

Für die Geschäftsjahre 2008 bis 2011 hat die VERDO GmbH bei folgenden Print- und Internetanbietern Anzeigen in Auftrag gegeben:
Mit einem Kostenaufwand von 1.309,25 € war die VERDO GmbH 2009 und 2010 beim „Tagungsplaner" mit einer Auflage von 40.000 Stück vertreten (siehe Abb. 3.13). 2008 bis einschließlich 2010 präsentierte sich das VERDO mit einer Auflagenhöhe von 60.000 Stück bei der „Lüneburg Marketing GmbH". Der Kostenaufwand betrug 892,50 € pro Jahr. Bei der „Wirtschaft IHK Zeitung" mit einer Auflage von 27.000 Stück pro Quartal wurden Anzeigen mit einem jährlichen Aufwand von 166,00 € geschaltet (siehe Abb. 3.14). Seit 2011 findet man den Veranstaltungsort VERDO auf dem Portal „Hamburg-Locations", das kostet die VERDO GmbH 2.500 € pro Jahr.
Des Weiteren besitzt die VERDO GmbH eine Imagebroschüre im DIN A4-Format, die auch über die Internetseite als ‚Download' erhältlich ist. Die Imagebroschüre liegt aus bei der Touristeninformation in Hitzacker und in Lübeln, sowie bei der „ALMA Elbtalaue e.V." in Hamburg. Bei Tagungen im VERDO wird die Imagebroschüre an die Teilnehmer verteilt.
Die Vertriebsmaßnahmen, der Ticketverkauf des VERDO, erfolgt seit den letzten fünf Jahren über folgende Kartenvorverkaufsstellen:

- Tabakwaren Stahlbock, Dannenberg (Elbe)
- Buch und Musik, Dannenberg (Elbe)

---

[16] Vgl. www.verdo-hitzacker.de (Stand: 10.3.2016).

Abb. 3.13 VERDO-Anzeige im Tagungsplaner

Abb. 3.14 VERDO-Anzeige in der IHZ-Zeitung

- Elbe-Jeetzel-Zeitung, Lüchow
- Buchhandlung Pfaff, Lüchow
- VERDO, Hitzacker (Elbe)

Bei der Vorverkaufsstelle im VERDO können die Interessenten Karten vor Ort oder über eine Anfrage per Kontaktformular auf der Internetseite kaufen. Die Anfrage per Kontaktformular wird durch die Geschäftsführerin Sabine Schumann beantwortet. Sie nennt die Konditionen der Karte, gibt an, welche Plätze noch frei sind und gibt die Bankverbindung durch. Gegen Vorkasse wird die Karte dann an die Heimatadresse gesendet.

Zum Ticketverkauf kommentiert Geschäftsführerin Sabine Schumann:

„Wenn Veranstalter fragen, ‚welches Ticketsystem haben sie denn?', dann geht das Problem schon los, denn wir arbeiten noch mit Harttickets. Wir können uns Online-Ticketvertriebe wie Eventim oder ticketonline nicht leisten, deswegen findet der Vorverkauf mit Harttickets bei uns im Haus und kleinen Partnern im Umkreis statt.

Ich muss schon sagen, dass die Harttickets mich sehr viel Zeit kosten, vor einer Veranstaltung muss ich Saalpläne fertig stellen, meine Vorverkaufsstellen bestücken, die Harttickets dann dort hinbringen und sie später alle wieder einsammeln, um sie hier vor Ort abzurechnen. Beim Onlineticketsystem würde das Ganze natürlich automatisch ablaufen.

Dennoch das VERDO ist ein Veranstaltungsort, die Veranstalter müssen sich selbst um den Onlineticketverkauf kümmern, die ‚Sommerlichen' nutzen dafür z. B. ReserviX, das ist ein kostenloses Portal, mit denen würde ich auch sehr gerne in Zukunft zusammenarbeiten, dann könnte ich Karten über das Internet verkaufen. Aber für so eine Entscheidung brauche ich die Gesellschafter."

Zur Veranstaltungsakquise kommentiert Geschäftsführerin Sabine Schumann:

"Wo bekomme ich Veranstalter her, die bereit sind, die Miete für das VERDO zu bezahlen und bereit sind, überhaupt nach Hitzacker zu kommen, in die hinterste Ecke von Deutschland. Meine Aufgabe ist es, die Veranstalter vom VERDO zu überzeugen und das mache ich mit Charme und Penetranz.

Ich gucke mir regelmäßig an, welche Veranstaltungen in Bad Bevensen, Uelzen, Lüneburg und in den neuen Bundesländern stattfinden und schaue mir dann genau die Veranstalter an. Diese Veranstalter nehme ich auf in meinen Verteiler, eine Liste der Deutschen Konzertagenturen und Veranstalter. Sie kontaktiere ich dann per Email oder telefonisch, und mache sie dann auf das VERDO aufmerksam. Freiwillig kommt ja keiner, ich muss sie alle vom VERDO überzeugen und ihnen immer wieder auf die Finger klopfen.

Welche Argumente habe ich? Ich versuche die Veranstalter mit der Besonderheit des Hauses und der Region zu überzeugen. Ich präsentiere ihnen, wer schon alles hier war. Dann lässt sich auch sehr viel über den Preis machen. Aber am besten wirkt meine unermüdliche Akquise. Das geht so weit, dass die Veranstalter so genervt sind, dass sie sagen: ‚Jetzt machen wir mit, Frau Schumann.' Z. B. war das so beim Frühstücksradio. Fünf Jahre bin ich denen auf den Wecker gefallen und jetzt sind sie hier und wenn sie einmal hier waren, kommen sie immer wieder. Denn mein Kundenstamm wird gepflegt und umhegt, ich tue alles für meine Veranstalter, ich betreue sie von Anfang bis Ende, ich gehe aus dem Haus, wenn sie das Haus verlassen. Und ich bin da für alle Probleme. Beispielsweise wenn es Probleme mit der Technik gibt, haben wir einen ganz engen Kontakt zu Fachbetrieben oder Bühnenhelfern, die immer bereit sind, spontan einzuspringen und zu helfen. Service wird bei uns ganz groß geschrieben."

3.7 Besucherzahlen/Belegetage/Saalmieten

Besucherzahlen

Besucherzahl 2008:	27.749 plus 15,2 %
Besucherzahl 2009:	22.016 minus 21 %
Besucherzahl 2010	24.561 plus 11,6 %
Besucherzahl 2011:	28.302 plus 15,2 %

Belegtage

Belegtage 2008:	71
Belegtage 2009:	70
Belegtage 2010:	119
Belegtage 2011:	114

3.7 Besucherzahlen/Belegetage/Saalmieten

Die Belegtage teilen sich in zwei Gruppen:

Zu den „Kleinstveranstaltungen" gehören u. a. der
Tanzkreis, Diätkreis, Elberandkultur, ein Salsa-Kurs und ein Pflegeseminar. Die Anbieter zahlen in der Regel ein geringes Entgelt für die Nutzung einer Räumlichkeit im VERDO. Das Entgelt liegt in der Regel zwischen 70,00 € und 100,00 € pro Nutzung, bzw. pro Monat. Alternativ zahlen die Veranstalter 1,00 € je Anwesenden. Die Nutzer richten sich den Raum selbst her. Diese Veranstaltungen finden hauptsächlich im Foyer oder im Proberaum statt. Die Veranstalter und Teilnehmer kommen aus dem gesamten Landkreis Lüchow-Dannenberg. Zum Teil handelt es sich um feste Gruppen. Das Personal der VERDO GmbH ist bei diesen Veranstaltungen nicht im Haus.

Zu den „Veranstaltungen" gehören beispielsweise
Musik- und Comedy-Events, Tagungen und Festivals. Hier wird das Mietentgelt nach der festgesetzten Mindestraummieten (Stand 09.03.2006) der VERDO GmbH erhoben. Bei der Nutzung des kleinen Saales (492 Plätze) lag 2006 die Miete zwischen 500,00 und 800,00 € netto. Ansonsten lag das Mietentgelt zwischen 900,00 und 1.100,00 €. 2010 wird die Geschäftsführerin seitens der Gesellschafterversammlung ermächtigt, von dieser Vorgabe abzuweichen.

Die „Musikwoche Hitzacker" zahlt pro Belegtag ein Entgelt von 670,00 € netto, für Matinees oder Kinderveranstaltungen 350,00 € netto. Die „Sommerlichen Musiktage" zahlen für das gesamte Festival 6.000,00 € netto. Der Stromverbrauch wird gesondert abgerechnet.[17]

Im Jahr 2011 führte die VERDO-Catering GbR zehn Veranstaltungen in Räumen der VERDO GmbH durch, wobei fünf davon laut Pachtvertrag als Freitermin zu werten sind. Die Belegungen von der VERDO GbR werden gesondert erhoben.

Nettoeinnahmen an Saalmieten in
2008:   38.704,37 €
2009:   34.760,12 €
2010:   29.982,86 €
2011:   35.085,23 €

Die Tab. 3.1 bis Tab. 3.4 zeigen die Belegungspläne.

---

[17] Mehr zu dem Mietentgelt siehe Datenanhang, II. e. Pauschalangebote VERDO, S. 87.

Tab. 3.1 Belegungsplan VERDO 2011 (zur Verfügung gestellt von der VERDO Hitzacker (Elbe) – Tourismusbetriebsgesellschaft mbH, 2012)

Lfd.-Nr.	Veranstaltung	Datum	Belegung	Besucherzahl
1	Fa. Bupnet	10.01. – 14.01.11	5	100
2	Fa. Bonvita	03.01.11	1	20
		10.01.11	1	20
		17.01.11	1	20
		24.01.11	1	20
		31.01.11	1	20
3	Superfest Jazz	14.01.11	1	400
4	Neujahrsempfang	15.01.11	1	150
5	Flohmarkt	16.01.11	1	380
6	Die Nacht des Musicals	17.01.11	1	352
7	Abba Cover Band	21.01.11	1	768
8	Hochzeitsmesse	30.01.11	1	650
9	Kreistag	14.02.11	1	568
10	Hoch- und Deutschmeister	12.02.11	1	382
11	Musikwoche Hitzacker	18.02.11	1	700
12	Musikwoche Hitzacker	20.02.11	1	503
13	Musikwoche Hitzacker	21.02.11	1	300
14	Musikwoche Hitzacker	23.03.11	1	300
15	Gesundheitsvortag	24.02.11	1	80
16	MWH	25.02.11	1	700
17	MWH	26.02.11	1	753
18	MWH	26.02.11	1	400
19	Flohmarkt	27.02.11	1	503
20	Fa. Bonvita	07.02.11	1	20
		14.02.11	1	20
		22.02.11	1	20
		28.02.11	1	20
21	Elberandkultur	05.03.11	1	38
22	Fa. Bupnet	07.03. – 14.03.11	5	100

3.7 Besucherzahlen/Belegetage/Saalmieten

Tab. 3.1 (Fortsetzung)

Lfd.-Nr.	Veranstaltung	Datum	Belegung	Besucherzahl
23	Fa. Bonvita	07.03.11	1	20
		14.03.11	1	20
		21.03.11	1	20
		28.03.11	1	20
24	Tanzgruppe Frank	14.03.11	1	20
25	Tanzgruppe Frank	21.03.11	1	20
26	D. Schröder	25.03.11	1	38
27	Tanzgruppe Frank	28.03.11	1	20
28	Tanzgruppe Frank	04.04.11	1	20
29	Gomelhilfe Osterausstellung	03.04.11	1	539
30	Stage Art Musical	08.04.11	1	256
31	MADSEN	09.04.11	1	1100
32	Tanzgruppe Frank	11.04.11	1	20
33	SMT Sitzung	14.04.11	1	18
34	Elberandkultur	28.04.11	1	48
35	D. Schröder	29.04.11	1	27
36	Kongress DGS	13.05. – 15.05.11	3	839
37	Polizeimusikkorps	11.05.11	1	682
38	Fa. Bupnet	16.05. – 20.05.11	5	100
39	SPD Sitzung	18.05.11	1	67
40	D. Schröder	27.05.11	1	36
41	Tanzschule Diefert	17.06. – 18.06.11	2	168
43	Gymnasium Dannenberg	22.06.11	1	500
43	Gymnasium Marienau	24.06.11	1	416
44	Gymnasium Lüchow	25.06.11	1	450
45	SMT Sitzung	30.06.11	1	18
46	SMT	30.07. – 07.08.11	7	7360
47	Fa. Bupnet	22.08. – 26.06.11	5	100
48	Landtagswahl	11.09.11	1	

Tab. 3.1 (Fortsetzung)

Lfd.-Nr.	Veranstaltung	Datum	Belegung	Besucherzahl
49	Sport Art Lüchow Musical	17.09.11	1	768
50	Benefitzkonzert Tierhilfe	24.09.11	1	240
51	Fa. Bupnet	10.10 – 14.10.11	5	100
52	Bundesumweltministerium	12.10.11	1	80
53	Die Paldauer	21.10.11	1	210
54	Landesschützenverband	12.11.11	1	100
55	Biosphärenverwaltung Tagung	05.11.11	1	389
56	Herbsthärte	06.11.11	1	450
57	Personalversammlung KSK	09.11.11	1	350
58	Konzert mit Jugendbands LK	12.11.11	1	168
59	Gomelhilfe Winterausstellung	20.11.11	1	406
60	Rudolf Steiner Schule	21.11. – 23.11.11	3	210
61	Original Oberkrainer	04.11.11	1	486
62	Biogasfachtagung	24.11.11	1	500
63	Weihnachtsmärchen	03.12.11	1	450
64	Fa. Bupnet	05.12. – 09.12.11	5	100
65	Flohmarkt	11.12.11	1	368
66	Ritter Roost	23.12.11	1	150
67	Zauber der Travestie	28.12.11	1	450
68	Ballett	29.12.11	1	389
69	Michael Hirte	30.12.11	1	689
Insgesamt:			114	28302

Stornierung		
Musical Hair	26.11.11	Stornierung im beiderseitigen Einvernehmen Castortransport

3.7 Besucherzahlen/Belegetage/Saalmieten

Tab. 3.1 (Fortsetzung)

Lfd.-Nr.	Veranstaltung	Datum	Belegung	Besucherzahl
	Morgen Findus wird's was geben	27.11.11	Stornierung im beiderseitigen Einvernehmen Castortransport	
	The 10. Sopranos	11.11.11	Stornierung VVK zu gering	
	Marionettenfestival Forthmann	14.10.11	Festivalfinanzierung nicht gesichert	
		22.10.11		
		23.10.11		
Insgesamt:			6 Stornierungen	

Tab. 3.2 Belegungsplan Hitzacker See 2011 (zur Verfügung gestellt von der VERDO Hitzacker (Elbe) – Tourismusbetriebsgesellschaft mbH, 2012)

Veranstaltung	Datum	Belegung	
Flohmarkt	02.04.11		
Flohmarkt	07.05.11		
Flohmarkt	04.06.11		
Flohmarkt	02.07.11		
Flohmarkt	06.08.11		
Lampionfest	29.07.11		
FFh Moonlight Wettkämpfe	13.08.11		
Weidenhof Hitzacker	15.08.11		
Flohmarkt	03.09.11		
Hitzacker trabt voran	17.09.11		
Flohmarkt	01.10.11		
	Insgesamt:	11	
Castor Camp/Stadt Hitzacker Herr Zuther	01.11.-30.11.2011		

Tab. 3.3 Belegungsplan VERDO Ausstellungen 2011 (zur Verfügung gestellt von der VERDO Hitzacker (Elbe) – Tourismusbetriebsgesellschaft mbH, 2012)

Ausstellung	Datum	Belegung
Karneval in Venedig	01.01. – 30.01.11	30
Aquarelle und Ölmalerei	01.02. – 19.03.11	48
Düpow Ausstellung	20.03. – 25.04.11	36
Fasermalerei	01.05. – 14.06.11	45
Familienbande	20.07. – 13.08.11	25
Seelenbilder	05.09. – 30.10.11	56
Zauber des Augenblicks	01.11. – 11.12.11	41
Impressionen	13.12. – 31.12.11	19
	Insgesamt:	300

Tab. 3.4 Belegungsplan VERDO Catering GbR (zur Verfügung gestellt von der VERDO Hitzacker (Elbe) – Tourismusbetriebsgesellschaft mbH, 2012)

Veranstaltung	Datum	Belegung	Besucherzahl
Konfirmation Seminar I, II	15.05.11	1	100
Konfirmation Seminar I, II	22.05.11	1	100
Hochzeit Foyer	09.07.11	1	100
Hochzeit Foyer	23.07.11	1	100
Familienfeier Seminarraum I	13.08.11	1	30
Familienfeier Seminarraum I	01.10.11	1	40
Familienfeier Seminarraum I	02.10.11	1	30
Familienfeier Seminarraum I	22.10.11	1	30
Familienfeier Seminarraum I	09.12.11	1	40
Familienfeier Seminarraum I, II	25.12.11	1	80
	Insgesamt:	10	650

3.8 Musikfestivals im VERDO

3.8.1 Sommerliche Musiktage Hitzacker

Gründung:	1946 in Hitzacker (Elbe)
Inhalt:	Kammermusikfestival (Konzerte, Workshops, Vorträge, Künstlergespräche, Exkursionen, Kursangebote)
Zeitraum:	Jeden Sommer für neun Tage ab dem letzten Samstag im Juli
Träger:	Gesellschaft der Freunde der Sommerlichen Musiktage e.V.
Vorsitzende:	Jennifer Blunt
Mitglieder:	circa 400
Ort:	Feste Austragungsorte sind: VERDO Kultur- und Tagungszentrum Hitzacker (Elbe), Zentrale St. Johanneskirche Hitzacker (Elbe), Hotel Waldfrieden Hitzacker (Elbe)

Zusätzlich nutzen die „Sommerlichen" jedes Jahr ergänzende und immer wieder wechselnde Veranstaltungsorte wie z. B. das Archäologische Zentrum in Hitzacker (AZH), die Elbbrücke Dömnitz, oder die St. Johanniskirche Dannenberg

Besucherzahlen:

2008:	8.148
2009:	9.020
2010:	6.500
2011:	7.360

Förderer (Auswahl):
NDR, Musikförderung in Niedersachsen
Niedersächsisches Ministerium für Wissenschaft und Kultur
Stadt Hitzacker (Elbe)
Landkreis Lüchow-Dannenberg

Partner (Auswahl):
NDR Kultur
Deutschlandfunk
Biosphärenreservat Niedersächsische Elbtalaue
Leuphana Universität Lüneburg
World Federation Of International Music Competitions
Musikland Niedersachsen

Pressestatements (Auswahl)

„Das seit 1946 bestehende und älteste deutsche Kammermusikfestival signalisiere schon mit den ersten Takten, dass hier allein künstlerische Qualität als Maßstab gilt."
Hannoversche Allgemeine Zeitung 30.7.2012
„Kulturministerin Prof. Dr. Johanna Wanka hob Niedersachsen als Top-Land bei der Zahl der Festivals hervor und lobte das Hitzacker-Konzept. Das zeichne sich durch Qualität aus, durch Vielseitigkeit und seinen Schwerpunkt in Musik aus dem 20. Jahrhundert und der Gegenwart. Dass viel Wert auf die Musikvermittlung gelegt werde wie im Projekt ‚Profis unterrichten Laien', freut die Ministerin, die mit Landtagspräsident Hermann Dinkla die Riege politischer Prominenz anführte."
Landeszeitung 30.7.2012
„Nicht mal eine Lesung aus der unendlich vielfältigen Wiener Literatur [...], eine kleine Ausstellung, einen erhellendem Programmheftartikel oder eine Wiener Mehlspeise gab es. Aber das hätte die Konzertsaalgastronomie wohl noch mehr überfordert, als das Ausschenken von Kaffee. Denn da konnte es einem durchaus passieren, das man 25 Minuten warten dürfte, bis einem gnädigerweise eingeschenkt wurde."
Cellesche Zeitung 31.7.2012
„Zur Eröffnung des 67. Jahrgangs, Antrittsspielzeit der Künstlerischen Leiterin Carolin Widmann, versicherte Kultusministerin Johanna Wanka gar, das Festival sei das ‚Herzstück' der niedersächsischen Musiklandschaft. Diese Vorzugsstellung verdanken die ‚Sommerlichen' laut Ministerin drei Qualitäten: der Vielseitigkeit ihrer Programme, der Offenheit für die Tonwelten des 20. Jahrhunderts und dem Bemühen um ‚Vermittlung'."
Die Welt 2.8.2012
„Kammermusikfest der Extraklasse in Hitzacker"
Bonner General-Anzeiger 4./5.8.2012
„Eine Besonderheit von Hitzacker mag darin liegen, dass kaum jemand so richtig weiß, wo das eigentlich liegt, und so leicht ist es auch gar nicht, dort hinzukommen [...]. Das mag einerseits bedauern; andererseits: gerade weil es so ab vom Schuss liegt, fährt man nach Hitzacker nicht so nebenbei. Wer hierher kommt, bleibt meist für mehrere Tage, lässt sich auf das Festival ein und genießt neben den Konzerten, die jeden Niveauvergleich mit dem Angebot in Großstädten aushalten, die lieblich-verträumte Elb-Landschaft."
Stuttgarter Nachrichten 7.8.2012
„Phantastische Künstler konnte Carolin Widmann nach Hitzacker holen: die Geigerin Isabelle Faust und den Pianisten Alexander Melnikov, den Bariton

Matthias Goerne mit seinem Klavierbegleiter Alexander Schmalcz. Doch es sind nicht die großen Namen, um derentwillen sie das alles macht. Es ist das konzentrierte Publikum – gewissermaßen die musikalische Bürgergesellschaft –, das den programmatischen Überlegungen hier nicht nur folgt, sondern sie mitträgt."
Frankfurter Allgemeine Zeitung 7.8.2012

3.8.2 Musikwoche Hitzacker

Gründung: 1987 in Hitzacker (Elbe)
Inhalt: Festival für klassische Musik, mit dem Schwerpunkt Barock (Konzerte, Vorträge, Gespräche, Exkursionen, Förderung junger Künstler)
Zeitraum: Jeden Februar für 10 Tage
Träger: Verein zur Förderung der Musikwoche Hitzacker e.V.
Vorsitzende: Dr. Renate Keil, Theresa Martins
Mitglieder: circa 300
Ort: VERDO Kultur- und Tagungszentrum Hitzacker (Elbe), Zentrale, St. Johanneskirche Hitzacker (Elbe), Hotel Waldfrieden Hitzacker (Elbe)

Besucherzahlen:
2008:   2.097
2009:   1.150
2010:   1.740
2011:   3.556

Förderer (Auswahl):
Stadt Hitzacker (Elbe)
Landkreis Lüchow-Dannenberg   Niedersächsische Sparkassenstiftung
Sparkasse Uelzen Lüchow-Dannenberg
Sparkassenkulturstiftung Lüchow-Dannenberg
Volksbank Clenze-Hitzacker eG
Gesellschaft Harmonie von 1789

Pressestatements (Auswahl)

„Sobald der erste Ton angestimmt ist, wird die 26. Musikwoche Hitzacker mit Sicherheit wieder jeden einzelnen Besucher in ihren Bann ziehen und damit beweisen, dass klassische Musik einfach Spaß macht."

quadrat 02/2012

„*Jedes Jahr zum Ende des Winters sind in Hitzacker besondere Aktivitäten zu beobachten. Plakate erscheinen in den Schaufenstern, der Schmuck der Fenster bekommt durch musikalische Accessoires eine Note, die erkennen lässt, dass ein spezielles Publikum erwartet wird. Die Stadt wird mit Flaggen und Bannern geschmückt, ein Ereignis kündigt sich an. Der Bahnhof wird stärker frequentiert, und wenn dann ein erhöhtes Aufkommen von Autos von außerhalb – unter anderem mit auffallend vielen sächsischen Kennzeichen zu beobachten ist – dann ist sie da: Die Musikwoche Hitzacker.*"

Kiebitz 15.2.2012

„*Dem künstlerischen Leiter Ludwig Güttler, Trompetenvirtuose, Musikwissenschaftler und Dirigent aus Dresden, ist es erneut gelungen, ein abwechslungsreiches Programm mit Bewährtem und Neuem zusammenzustellen.*"

Die Welt 17.2.2012

„*Eine hervorragende Auswahl an renommierten Künstlern und Ensembles, die den Besuchern in 17 Veranstaltungen musikalische Genüsse in unterschiedlichen, aber wohl aufeinander abgestimmten Facetten darbieten.*"

General-Anzeiger Lüchow 12.2.2012

3.9 VERDO – Gruppe

3.9.1 VERDO – Verein für Bildung und Kultur e.V.

Gründung: 11.01.2010
Mitglieder: 8

Auszug aus der VERDO-Vereins-Satzung (VERDO – Verein für Bildung und Kultur e.V. (Hrsg.), Satzung, 2012, S. 1)
§ 2 Vereinszweck

- Der Verein stellt sich die Aufgabe, die Teilhabe an Kultur- und Bildung in der Gesellschaft zu fördern. Insbesondere wird dies im Raum Hitzacker (Elbe) verwirklicht durch:
- die Konzipierung und Durchführung von Bildungsprojekten aus den Bereichen der Musik und der darstellenden Kunst (z. B. Chor- und Instrumentalmusik, Schauspiel, Tanz, Musical, Filmkunst, Lesungen) für jüngere, ältere, behinderte und andere besonders zu fördernde Menschen,

3.9 VERDO – Gruppe

- die Entwicklung thematisch unterschiedlicher Bildungsangebote, die Form von Vorträgen, Gesprächsformen, Seminare, Workshops, Tagungen etc. realisiert werden,
- die Planung und Organisation von Kulturveranstaltungen unterschiedlicher Art, die von allgemeinem kulturellem Interesse sind (z. B. Ausstellungen, Konzerte, Dichterlesungen, Theateraufführungen).
- Der Verein ist unabhängig und unpolitisch, er verfolgt ausschließlich und unmittelbar gemeinnützige Zwecke im Sinne der Abgabenordnung.
- Der Verein ist selbstlos tätig, er verfolgt nicht in erster Linie eigenwirtschaftliche Zwecke. Die Mittel des Vereins dürfen nur für satzungsmäßige Zwecke verwendet werden. Die Mitglieder erhalten aus ihrer Eigenschaft als Mitglieder keine Zuwendungen aus Mitteln des Vereins. Es darf keine Person, durch unverhältnismäßige hohe Vergütung begünstigt werden.

Aussage von Samtgemeindebürgermeister Hansen zum „VERDO – Verein für Bildung und Kultur:

„Der VERDO – Verein will einerseits das Haus mit Projekten beleben und andererseits das Haus in den Blickpunkt der Öffentlichkeit bringen, aber natürlich auch eine Diskussion darüber entfachen, wo das Ganze hingehen kann. Hierbei darf es auch keine Denkbarrieren geben! Von der Privatisierung bis zur Entwicklung von Modellen, bei denen man zumindest versucht den Zuschussbedarf der öffentlichen Hand zu reduzieren, so etwas muss einfach auch Ziel sein. In absehbarer Zeit werden hier ja immer weniger Menschen leben und damit ist zwangsläufig verbunden, dass wir auch immer weniger finanzielle Möglichkeiten haben.

Das Gute ist, dass wir mit dem Verein breiter aufgestellt sind. Der Verein hilft die Probleme des VERDO nicht nur über die GmbH oder die kommunale Gesellschaft zu diskutieren. Durch den Verein haben wir die Möglichkeit Ideen von Bürgern und Bürgerinnen einzuholen. Ich glaube, dass was der GmbH an öffentlichen Mitteln fehlt, das könnten wir vielleicht über ehrenamtliches Engagement teilweise ersetzten.

Derzeit sind wir 8 Vereinsmitglieder. Dazu gehören Personen aus der GmbH, Stadtverwaltung und der Samtgemeinde, viele die sowieso zum Verbund gehören. Inzwischen gibt es immer mehr Externe, die interessiert sind, sich zu engagieren. Die Hoffnung ist also da, dass durch die Vereinsarbeit eine höhere Akzeptanz bei den Lüchow-Dannenbergern erzielt werden kann und das VERDO mit der Vereinsarbeit gezielt durch einzelne Projekte und Maßnahmen mehr in den Fokus gerät."

Sabine Schumann fügt hinzu:

„Der VERDO – Verein wird von Herrn Hansen hochgehalten, damit ein paar geladene Gäste Ideen für die Zukunft des VERDO entwickeln. Die Ursprungsidee durch Unterstützung des Vereins Inhalte für das VERDO zu generieren, hat bis heute leider noch nicht funktioniert."

3.9.2 VERDO – Restaurant

Gründung: 2007
Geschäftsform: GbR
Geschäftsführer: Tom Waltzer[18]
Leistungen: Restaurant, Catering
Fläche: 364 m² im Innenbereich/200 m² im Außenbereich
Sitzplätze: 90 Innenplätze/45 Außenplätze
Öffnungszeiten: Do – Fr 17:30 – 21:30 Uhr/So 11:00 – 20:00 Uhr

Aussage von Samtgemeindebürgermeister Hansen zum VERDO – Restaurant:

„Das Restaurant war über viele Jahre ein Sorgenkind der Stadt. Man hat Anfang 2000 intensiv ins VERDO investiert. Doch da sind einige Dinge auf der Strecke geblieben, auch, die Gastronomie leidet darunter. Der Komplex liegt relativ abseits. Wenn man am VERDO vorbeifährt, nimmt man gar nicht wahr, dass es dort auch eine Gastronomie gibt. Das liegt sicherlich am Baukörper, ja, an der Gestaltung des Baukörpers. Besucher die im Hotel Waldfrieden wohnen, schaffen es gar nicht bis zum VERDO – Restaurant. Nur die Leute, die zum Parkhotel laufen, bekommen etwas vom VERDO mit, und sind dann natürlich überrascht, wenn sie diesen schönen Ausblick auf der Restaurant-Terrasse erleben. An einer Beschilderung arbeiten wir gerade.

Herr Waltzer, der neben der VERDO Gastronomie ein Catering-Unternehmen mit eigenem Personal betreibt, hat hier klein angefangen und sich so nach und nach etabliert. Inzwischen hat er dafür gesorgt, dass die Gastronomie des VERDO wieder einen guten Ruf hat. Eine gute Gastronomie ist notwendig um das VERDO als Ganzes nach außen zu präsentieren. Das Restaurant wertet das Image des VERDO auf. Was die Außendarstellung und Internetpräsenz anbelangt, könnte jedoch noch einiges getan werden."

---

[18]Der Name Tom Waltzer wurde als Pseudonym gewählt.

Fallzusammenfassung 4

Im Mittelpunkt der Case Study steht das Kultur- und Tagungszentrum VERDO Hitzacker (Elbe), der größte Veranstaltungsraum in Lüchow-Dannenberg. Das in den frühen 1970er-Jahren erbaute Kurhaus (heute VERDO) wurde konzeptionell nach den Bedürfnissen des Kammermusikfestivals Sommerliche Musiktage Hitzacker gebaut. Bei der Planung wurden aber auch die Nutzungsmöglichkeiten für Tagungen und Seminare mit bedacht. Eigentümer sind die Stadt Hitzacker (Elbe) mit 75 % und die Samtgemeinde Elbtalaue mit 25 %. Das VERDO arbeitet ausschließlich im Vermietungsgeschäft und führt keine Veranstaltungen durch. Es bekommt keinerlei Förderungen oder Zuschüsse für den Kulturbereich.

Das Kurhaus aus den frühen 1970er-Jahren ist mittlerweile in die Jahre gekommen. Anstehende Investitionen können nicht mit Überschüssen aus dem laufenden Betrieb finanziert werden, denn das VERDO ist, wie nahezu alle vergleichbaren Einrichtungen, defizitär. Die erzielten Einnahmen reichen nicht zur Deckung der laufenden Kosten, geschweige denn zur Finanzierung von Investitionen in eine Erneuerung. Jedes Jahr produziert das Veranstaltungshaus 120.000 € Miese.

Die Sommerlichen Musiktage Hitzacker sind das älteste Kammermusikfestival Deutschlands, und die Austragung im VERDO ist Tradition. Gemeinsam mit dem VERDO und der Stadt Hitzacker hat sich das Festival zu einer internationalen Leuchtturm-Veranstaltung etabliert. Jährlich zieht es für zehn Tage bis zu 7000 Besucher nach Hitzacker. 7000 wichtige Multiplikatoren, die maßgeblich die Wirtschaft, den Tourismus und das Image der Stadt Hitzacker sowie auch der Region Lüchow-Dannenberg fördern.

Die restlichen Tage im Jahr versucht die VERDO GmbH, ihre Räumlichkeiten an Veranstalter aus dem Bereich Kultur, Messe oder Tagung zu vermieten. Es gestaltet sich jedoch schwierig, den Veranstaltungsort am Markt zu platzieren. Im gesamten Landkreis Lüchow-Dannenberg leben nur 48.000 Einwohner, zu wenig

Menschen, die das VERDO mit seinen 1200 m² Veranstaltungsfläche regelmäßig auslasten könnten.

Die VERDO GmbH stellt ein Beispiel dar für viele Kultur- und Veranstaltungsunternehmen im ländlichen Raum, sie ist nicht die einzige Einrichtung, die ums Überleben kämpft. Der demographische Wandel, die hohe Konkurrenzsituation unter den Veranstaltungsorten, sie alle buhlen um Besucher, lukrative Veranstalter und entsprechend namhafte Events.

Kunst und Kultur sind wichtige Komponenten für die Identifikation von Menschen zu ihrer sozialen Umgebung, Region, ihrem Land und ihrer Heimat. Kultur ist ein bedeutender Teil der Bildung, die gerade im Zeitalter der Globalisierung zu einer wichtigen Ressource geworden ist. Kultur sichert Tradition, schafft Innovation und ermöglicht Interaktion mit anderen Kulturen.

Darüber hinaus ist der Kulturbereich natürlich auch ein nicht zu unterschätzender Wirtschaftsfaktor. Er bewegt sich laut des Ministeriums für Wissenschaft und Kultur innerhalb der Wertschöpfungsskala auf gleichem Niveau wie der Ernährungssektor. Entsprechend schafft Kultur damit auch Arbeitsplätze, allein in Niedersachsen sind es rund 100.000. Außerdem ist Kultur auch ein starker Motor für die Innovationskraft unserer Wirtschaft und Gesellschaft. Somit kurbeln Investitionen in den Kultursektor das wirtschaftliche Wachstum an.

Folglich hat sich das Land Niedersachsen das Ziel gesetzt, den Bereich Kunst und Kultur zu fördern und zu stärken, und auch hier besonders den ländlichen Raum mit einzubeziehen.[1]

So kommt es, dass die Case Study „VERDO WE GO?" den exemplarischen Fokus auf das im ländlichen Raum situierte Veranstaltungszentrum VERDO in Hitzacker (Elbe) legt. Dieses Kulturzentrum ist, wie viele Einrichtungen im ländlichen Raum, insbesondere durch den demographischen Wandel („älter" und „weniger") finanziell und inhaltlich stark herausgefordert. Anhand der Fallstudie sollen eine Analyse, Zielbildung und Strategieentwicklung erarbeitet werden, die dem Zentrum künftig mehr Vitalität verleihen sollen. Die Fallstudie kann problemlos auf vergleichbare Einrichtungen übertragen werden.

Das im Rahmen der Fallstudie entwickelte Instrumentarium umfasst die Entwicklung, Durchführung, Auswertung und Präsentation

- einer SWOT-Analyse,
- eines neuen Geschäftsmodells,
- eines neuen strategischen Marketingkonzepts.

---

[1] Vgl. http://www.mwk.niedersachsen.de/portal/live.php?navigation_id=6269&article_id=19109&_psmand=19, Stand: 3.04.2015

Fallzusammenfassung

Durch die Ergebnisse der Case Study erhält das Veranstaltungszentrum VERDO wichtige Hinweise und Ideen für eine auf die Zukunft gerichtete Neupositionierung. Zudem können ähnliche Kultureinrichtungen von den Erfahrungen der Fallstudie profitieren. Die Fallstudie kann in universitärer Aus- und Weiterbildung eingesetzt bzw. weiterentwickelt werden und somit den Beitrag der Leuphana Universität zur Förderung und Stärkung des ländlichen Raum sichtbar machen.

Die Case Study ist in sieben Kapitel aufgeteilt. Im 1. Kapitel werden die Bearbeiterinnen und Bearbeiter der Case Study sofort mit der Problemsituation des VERDO konfrontiert. Eine wichtige Protagonisten, die Geschäftsführerin des VERDO, Frau Schurmann, wird kurz vorgestellt und mit Hilfe eines Zeitungsartikels „VERDO kurz vor dem aus?" erfahren die Bearbeiterinnen und Bearbeiter die aktuelle Situation des Veranstaltungsunternehmens.

Der Zeitungsartikel veranlasst die Gesellschafter des VERDO einen Workshop zu organisieren. Mit Hilfe des Workshops „VERDO WE GO?" wollen Experten des VERDO und der Region gemeinsam verstehen und erarbeiten was das VERDO gegenwärtig ist und was das VERDO zukünftig sein kann: der Status quo des VERDO wird ermittelt, mögliche Entwicklungspfade, Strategien für das VERDO diskutiert und festgehalten, um langfristig die prekäre Wirtschaftlichkeit des VERDO nachhaltig zu verbessern.

Im 2. Kapitel sind die Bearbeiter/innen gefragt. Hier existieren drei Versionen der Fallbearbeitung:

Format S: Die Bearbeiterinnen und Bearbeiter der Case Study sind Teilnehmer des Workshops „VERDO WE GO?" und helfen der VERDO GmbH bei der Ermittlung des Status quo sowie der Findung neuer Entwicklungsperspektiven.

Format M: Die Bearbeiterinnen und Bearbeiter der Case Study erhalten die Ergebnisse des Workshops „VERDO WE GO?" und entwickeln darauf aufbauend ein neues Geschäftsmodell oder ein neues strategisches Marketingkonzept für die VERDO GmbH. Das neue Geschäftsmodell sowie das neue Marketingkonzept sollen

- innovativ sein und die bestehenden Kompetenzen der VERDO GmbH aufgreifen,
- einen Mehrwert bieten für den Endkunden (Veranstalter, Kooperationspartner, Sponsoren etc.),
- nachhaltigen finanziellen Erfolg versprechen,
- berücksichtigen, dass die Sommerlichen Musiktage Hitzacker weiterhin im VERDO stattfinden können.

Format L: Die Bearbeiterinnen und Bearbeiter der Case Study sind Teilnehmer des Workshops „VERDO WE GO?" und erstellen eine SWOT-Analyse zum VERDO (siehe Format S). Mit den Ergebnissen der Analyse entwerfen die Bearbeiterinnen und Bearbeiter entweder ein neues Geschäftsmodell oder ein neues strategisches Marketingkonzept (siehe Format M).

Im 3. Kapitel werden das Unternehmen und die dazu gehörigen Protagonisten näher beleuchtet. In Form von Interviews erfahren die Bearbeiterinnen und Bearbeiter der Case Study mehr über die einzelnen Sichtweisen um und auf das VERDO. Veranstalter wie die Sommerlichen Musiktage Hitzacker (Elbe) und die Musikwoche Hitzacker (Elbe) werden näher vorgestellt. Und das VERDO – Restaurant und der VERDO – Verein für Bildung und Kultur e.V. werden näher betrachtet.

Im Kapitel 4 bis 6 widmet sich die Fallstudie Hitzacker (Elbe) & Region. Fakten zum Standort, der Wirtschaft, der Kultur und dem Tourismus werden aufgezeigt.

Einführung Didaktik 5

Erstmalig wurden Case Studies (Fallstudien) im frühen 19. Jahrhundert im Bereich der Rechtswissenschaften an der renommierten Harvard Law School an der Ostküste der USA eingesetzt. Hier wurden Verhandlungen von Rechtsfällen anhand von Beispielen aus praktischer Gerichtssituationen vermittelt. Weil diese praxisnahe Herangehensweise das selbständige Arbeiten der Studenten nachweislich effizienter werden ließ, und gleichzeitig auch ihre Analyse- und Problemlösungskompetenz förderte, ersetzte die Case Study als anwendungsorientierte Lehrmethode die ursprüngliche Frontal- und Vortragsmethode.

Inzwischen sind Case Studies fester Bestandteil in der universitären Lehre unterschiedlichster Disziplinen und Fakultäten. Charakteristisch für Fallstudien in einem wirtschaftswissenschaftlichen Kontext ist die umfangreiche Darstellung sowie die Auseinandersetzung mit einer realen, in der Regel komplexen Problemsituation eines Unternehmens – inklusive seines Umfelds, aktuellen Herausforderungen, Probleme, Chancen, Historie und Einbettung (sozial, ökologisch, wirtschaftlich, kulturell). Hierbei bedienen sich Fallstudien oft einer lebendigen und erzählerischen Sprachform. Denn sie hat eine motivierende Wirkung auf die Studierenden, in den Fall einzutauchen und sich in die verschiedenen Akteurinnen und Akteure hineinzuversetzen. Auf diese Weise kann die Situation, in welcher sich das Unternehmen befindet, bestmöglich und praxisnah nachvollzogen und erfasst werden. Die Fallstudie ist also kein analytisches Schriftstück, wie sie beispielsweise in einer klassischen wissenschaftlicher Arbeit vorkommt.

Die Arbeit mit Fallstudien als Lehrmethode ruft bei den Studierenden ein konkretes Problembewusstsein hervor und führt zu einem differenzierten Bild über mögliche Ursachen des zugrundeliegenden Problems. Darüber hinaus regen Fallstudien durch ihre die praxisbezogene Herangehensweise die Kreativität der Studierenden zur Entwicklung neuer strategisch sinnvoller Ideen an.

Somit lernen die Studierenden sowohl den Umgang mit wirtschaftlich relevanten Entscheidungen des Managements inklusive sämtlicher Konsequenzen ihres Handelns, als auch die Ausarbeitung eines umsetzbaren Lösungskonzepts durch Reflektion und Verbindung von Theorie und Praxis. Nicht selten stellt ein Fall typische, exemplarische Herausforderungen dar, die aufgrund ähnlicher Grundzüge und Problemstrukturen häufig auf andere Fälle (Unternehmen, Branchen etc.) übertragen werden können.

Die Arbeit mit Case Studies ist der Transport einer Theorieanwendung in die Praxis, bzw. sie ist ein Versuch, eine Theorieanwendung bestmöglich in der Praxis nachzuahmen oder sich dieser anzunähern. Zwar können die Case Studies die Praxis bzw. die Integration theoretischer Ansätze in der Praxis nicht ersetzen, aber sie trainieren das analytische, konzeptionelle Denken so praxisnah wie möglich mit großem Lerneffekt. So können mit dieser Lehrmethode neben fachlichen und interdisziplinären Lernzielen auch überfachliche Lernziele, wie beispielsweise, Analyse-, Argumentations-, Diskussions- und Präsentationsfähigkeiten erreicht werden.

5.1 Nutzen der Case Study „VERDO WE GO?" in der Lehre

Eine Case Study ermöglicht einen realistischen Einblick und das „Hineinfinden" in den Management-Alltag mit all seinen Entscheidungs- und Handlungs-Herausforderungen, was durch das Bearbeiten von Literatur allein nicht möglich wäre. Der Fall „VERDO WE GO?" ist eine anschauliche und prägnante Möglichkeit, um das gelernte theoretische Know-how in der praktischen Realität einzusetzen.

Hiermit werden die Lernmotivation und das Interesse am Thema „strategisches Management von ländlichen Kultureinrichtungen" durch die Simulation und der ersichtlichen praktischen Relevanz von unternehmerischer Verantwortung in kleinen und mittelständigen Unternehmen an diesem konkreten, lebendigen Unternehmensfall erhöht. Durch die Anwendung und das Vertiefen des theoretischen Wissens wird dessen Sinn und Relevanz eindrucksvoll verdeutlicht – mit dem Effekt, dass die Argumentationskompetenz und Entscheidungsfähigkeit der Studierenden gestärkt wird.

Das zentrale Ziel der Case Study ist die Ausarbeitung einer SWOT-Analyse des Unternehmens, die Erarbeitung von strategischen Lösungsvarianten sowie die anschließende ausführliche Präsentation und Diskussion der getroffenen Entscheidung.

5.2 Zentrale Fragestellung der Case Study

Welche strategischen Maßnahmen können die Stadt Hitzacker (Elbe) und die Samtgemeinde Elbtalaue als Gesellschafter der VERDO GmbH ergreifen, um das finanzschwache VERDO als Kultur- und Veranstaltungsort am Leben zu erhalten?
Konkret für die VERDO GmbH stellen sich folgende Fragen:

- Wie kann die VERDO GmbH die Marke „VERDO" auf dem Markt etablieren und ihren Bekanntheitsgrad fördern?
- Welche Maßnahmen kann die VERDO GmbH durchführen, um neue Zielgruppen (Veranstalter/Besucher) zu erhalten und zu erreichen?
- Wie kann die VERDO GmbH ihre Besucher und Veranstalter an ihr Haus binden?
- Welche Wettbewerbsstrategien können der VERDO GmbH langfristig helfen?
- Gibt es alternative Finanzierungsmaßnahmen für die VERDO GmbH?
- Mit welchen Stakeholdern könnte die VERDO GmbH kooperieren, sich vernetzen, um langfristig finanziell besser da zu stehen?
- Wie kann das VERDO im bestehenden Kulturtourismus eingebunden werden?
- Benötigt das VERDO ein komplett neues Geschäftsmodell, das aber die Sommerlichen Musiktage als „Leuchtturmveranstaltung" weiterhin berücksichtigt? Wenn ja, was könnte das für ein Geschäftsmodell sein?

5.3 Zielgruppe/Lernziele

Die Case Study richtet sich an alle Personen, die sich im Bereich strategisches Management, besonders im Bezug zu Kultur, Tourismus und Eventmanagement im ländlichen Raum weiter bilden möchten.
Die Fallbearbeiter sollen

- mit Information/Kommunikation umgehen lernen (Erfassen und Verstehen der Komplexität und Eigenart des VERDO, ökonomischer Umgang mit Informationen, gezielte Abfrage von Informationen, Schließung von Informationslücken),
- ihre Analysekompetenz stärken (Verstehen des unternehmerischen Handels, Strukturierte Analyse des Unternehmens, Problemfindung, Problemdefinition),

- Entscheidungen treffen (Mit Hilfe von theoretischen Wissen sollen Lösungsansätze, alternative Lösungsmöglichkeiten entwickelt werden),
- Entscheidungen/Realisierung umsetzen (Auswahl und theoretische Begründung der Handlungsvorschläge, des Handlungskonzeptes, Präsentation und Diskussion der erarbeiteten Empfehlungen.

5.4 Besonderheiten des Falls und fallrelevante Themen

Die Case Study ist sehr komplex. Sie wird in drei verschieden Formaten S, M und L angeboten, mit vielen verschiedene Möglichkeiten und Wegen, den Fall zu bearbeiten. Die Bearbeiterinnen und Bearbeiter können sich mit dem Thema SWOT-Analyse (Format S), strategisches Marketing oder der Entwicklung eines neuen Geschäftsmodells (Format M) auseinandersetzen. Oder sie erarbeiten das große Paket: die Entwicklung einer SWOT-Analyse plus der Planung eines neuen strategischen Marketingkonzepts oder eines neues Geschäftsmodells für die VERDO GmbH (Format L).

Zusätzlich können die Bearbeiter/innen verschiedene inhaltliche Auseinandersetzungen und Lernthemen erfahren, die Bezug nehmen auf:

- Kultur- und Veranstaltungsorte im ländlichen Raum
- Finanzielle Rahmenbedingungen im Kultur- und Veranstaltungssektor
- Politische Rahmenbedingungen im Kultur- und Veranstaltungssektor
- Demographischer Wandel
- Kulturtourismus

Lehrpläne/Lehrstrategien 6

Bei dem Verwenden der Case Study können Sie sich an drei verschiedenen Lehrplänen (S, M oder L) orientieren. Sie zeigen auf, in welcher Form Sie den Arbeitsprozess der Case Study durchführen und begleiten sowie den Arbeitsaufwand variieren können.

Alle Formate (S, M, und L) folgen stets demselben Phasenablauf, der in Abb. 6.1 dargestellt ist.

6.1 Format S

Das Format S der Case Study hilft der VERDO GmbH bei der Ermittlung des Status quo sowie der Findung neuer Entwicklungspfade. Die Bearbeiter/innen der Fallstudie nehmen an dem Workshop „VERDO WE GO?" teil und setzen sich hier hauptsächlich mit dem Status quo des VERDO auseinander und lernen konkret, eine SWOT-Analyse durchzuführen.

Für diesen Workshop benötigen die Bearbeiterinnen und Bearbeiter der Case Study die Informationen und Materialien aus dem Kapitel 3 bis 7 der Case Study. Hier werden interne und externe Aspekte des VERDO präsentiert. Diese bilden die Grundlage für die SWOT-Analyse und die darauf aufbauend möglichen Entwicklungsideen.

Der zeitliche Umfang des Lehrplans S ist variabel einsetzbar. Konzipiert ist er hier für ein eintägiges Angebot, das sich aber problemlos ausdehnen lässt.

Im Kap. 7 befinden sich für den Lehrenden folgende unterstützenden Zusatzmaterialien und ein möglicher Lösungsansatz, der nicht als Musterlösung betrachtet werden darf:

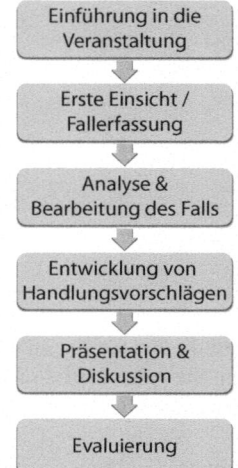

Abb. 6.1 Phasenablauf der Case Study

- Werkzeug SWOT-Analyse (s. Abschn. 7.1)
- Exemplarisches Ergebnis des Workshops „VERDO WE GO?" (s. Abschn. 7.2)
- Weiterführende Literatur (s. Abschn. „Weiterführende Literatur")

Die einzelnen Phasen der Seminars zeigen Abb. 6.2 bis Abb. 6.9.

6.2 Format M

Bei dem Format M können die Bearbeiterinnen und Bearbeiter wählen, sie können entweder für das Kultur- und Veranstaltungshaus ein neues Marketingkonzept entwickeln oder der VERDO GmbH zu einem neuem Geschäftsmodell verhelfen.

- Bei beiden Optionen lernen die Bearbeiterinnen und Bearbeiter der Case Study, anhand des Fallmaterials eine SWOT-Analyse auszuwerten und darauf aufbauend Maßnahmen zu entwickeln, die unter anderem darauf abzielen, der VERDO GmbH nachhaltigen finanziellen Erfolg zu versprechen und zu berücksichtigen, dass die Sommerlichen Musiktage Hitzacker weiterhin im VERDO stattfinden können.

6.2 Format M

PHASE 1: Einführung in die Veranstaltung	

ZIEL:
• Begrüßung
• Vermittlung Seminarkonzept
• Grundverständnis für Fallstudienarbeit
• Kennenlernen der Teilnehmer
	INHALT:
	• Ablauf der Veranstaltung und Vorstellung des Seminarkonzepts (Arbeitsaufwand, Leistungsanforderungen etc.)
	• Lehr- und Lernkonzept der Arbeit mit Case Studies
	  • Was sind Case Studies?
	  • Welchen Nutzen haben Sie?
	  • Wie erfolgt die Bearbeitung?
	• Kennenlernspiel mit Hilfe von Interviewfragen:
	  • Wer sind Sie?
	  • Warum machen Sie bei dieser Case Study mit?
	  • Was erwarten Sie von diesem Seminar?
	• Einführung Thema SWOT-Analyse

AUFGABE DOZENT: • Begrüßung und Präsentation des Seminar- und Lernkonzepts • Kennenlernspiel • Einführung Thema SWOT-Analyse (s. Kapitel 4.1: Werkzeug SWOT-Analyse) • Literaturempfehlung (s. Kapitel 4.6) • Klärung von Fragen	
AUFGABE STUDENT: Der Student stellt beispielsweise kurz seinen Stuhlnachbarn vor mit Hilfe der Fragen: • Wer sind Sie? • Warum machen Sie bei dieser Fallstudie mit? • Was erwarten Sie von diesem Seminar?	
KOMMUNIKATIONSMEDIUM: Beamer Paper	**METHODIK:** Ansprache Präsentation Partnerarbeit Vorlesung
MATERIAL: • Werkzeug SWOT-Analyse (s. Kapitel 4.1) • Weiterführende Literatur (s. Kapitel 4.6)	

Abb. 6.2 PHASE 1: Einführung in die Veranstaltung

PHASE 2: Erste Einsicht / Fallerfassung	
ZIEL: • Erfassung der Problem- und Entscheidungssituation	**INHALT:** • Konfrontation mit der Fallgeschichte
AUFGABE DOZENT: • Fallgeschichte bereitstellen	
AUFGABE STUDENT: • Fallgeschichte lesen	
KOMMUNIKATIONSMEDIUM: Paper	**METHODIK:** Einzelarbeit
MATERIAL: • Fallgeschichte	

Abb. 6.3 PHASE 2: Erste Einsicht/Fallerfassung

- Das Entwickeln der Maßnahmen kann in Form eines Workshops oder eines Selbststudiums stattfinden. Die Ergebnisse werden bei einer Präsentationsveranstaltung gezeigt.

Für das Format M benötigen die Bearbeiter/innen der Fallstudie die Informationen und Materialien aus dem Kapitel 3 der Fallgeschichte. Hier werden interne und externe Aspekte des VERDO präsentiert.

Im Kap. 7 befinden sich für den Lehrenden folgende unterstützenden Zusatzmaterialien und ein möglicher Lösungsansatz, der nicht als Musterlösung betrachtet werden darf:

- Werkzeug SWOT-Analyse (s. Abschn. 7.1)
- Werkzeug „neues" Geschäftsmodell (s. Abschn. 7.2)
- Werkzeug Marketing (s. Abschn. 7.3)
- (s. Kapitel „Weiterführende Literatur")

Die einzelnen Phasen der Seminars zeigen Abb. 6.10 bis Abb. 6.15.

6.2 Format M

PHASE 3: Analyse / Bearbeitung des Falls	
ZIEL Nr. 1: • Gemeinsames Verständnis über das VERDO	**INHALT:** • Was ist das VERDO? • Was tut das VERDO? • Wem nutzt das VERDO?
AUFGABE DOZENT: • Gruppenaufgabe vorbereiten und präsentieren • Präsentation und Diskussion der Teilnehmer nachbereiten und bündeln	

AUFGABE STUDENT:
• In Gruppenarbeit sollen die Teilnehmer folgende Fragen durch einen Satz beantworten und präsentieren:
  • Was ist das VERDO?
  • Was tut das VERDO?
  • Wem nutzt das VERDO?
• Lösungsansätze diskutieren	

KOMMUNIKATIONSMEDIUM: Moderationskoffer	**METHODIK:** Gruppenarbeit Präsentation Diskussion
MATERIAL: • Pinnwände • Moderationskoffer	
ZIEL Nr. 2: Analyse des IST-Zustands VERDO	**INHALT:** SWOT-Analyse VERDO **(A)** Was sind wertvolle Ressourcen, Kompetenzen und Stärken des VERDO? **(B)** Worin liegen Probleme, Verbesserungsbedarf und interne Heraus-forderung des VERDO? **(C)** Welche äußeren Umstände und Entwicklungen stellen ein Risiko für das bestehend des VERDO dar? **(D)** Welche äußeren Gelegenheiten, Entwicklungen und Trends stellen eine Chancen für die Zukunft des VERDO dar?
AUFGABE DOZENT: • Gruppenaufgabe vorbereiten und präsentieren • Präsentation und Diskussion der Teilnehmer nachbereiten, wichtige Themen herausarbeiten und bündeln	

Abb. 6.4 PHASE 3: Analyse/Bearbeitung des Falls

> **AUFGABE STUDENT:**
> - In Gruppenarbeit sollen die Teilnehmer folgende Fragen stichpunktartig beantworten:
>   - Was sind wertvolle Ressourcen, Kompetenzen und Stärken der VERDO GmbH?
>   - Worin liegen Probleme, Verbesserungsbedarf und interne Herausforderung der VERDO GmbH?
>   - Welche äußeren Umstände und Entwicklungen stellen ein Risiko für das bestehend der VERDO GmbH dar?
>   - Welche äußeren Gelegenheiten, Entwicklungen und Trends stellen eine Chancen für die Zukunft der VERDO GmbH dar?
> - Lösungsansätze diskutieren
>
> | **KOMMUNIKATIONSMEDIUM:**
 Moderationskoffer | **METHODIK:**
 Gruppenarbeit
 Präsentation, Diskussion |
> |---|---|
>
> **MATERIAL:**
> - Pinnwände
> - Moderationskoffer
> - Werkzeug SWOT-Analyse (s. Kapitel 4.1)

Abb. 6.5 PHASE 3: Analyse/Bearbeitung des Falls (Fortsetzung)

6.3 Format L

Das Format L der Case Study „VERDO WE GO?" ist eine Kombination aus S und M. Die Bearbeiterinnen und Bearbeiter der Case Study nehmen am Workshop „VERDO WE GO?" teil und helfen der VERDO GmbH anhand einer SWOT-Analyse, den Status quo zu ermitteln. Darauf aufbauend entwickeln die Bearbeiterinnen und Bearbeiter entweder ein neues Geschäftsmodell oder ein neues Marketingkonzept für die VERDO GmbH – diese Maßnahmen sollen unter anderem darauf abzielen, der VERDO GmbH zu nachhaltigem finanziellem Erfolg zu verhelfen und berücksichtigen, dass die Sommerlichen Musiktage Hitzacker weiterhin im VERDO stattfinden können.

Das Format kann in Form eines Workshops und oder eines Selbststudium durchgeführt werden und die Ergebnisse bei einer Präsentationsveranstaltung gezeigt werden.

6.3 Format L

PHASE 4: Entwicklung von Handlungsvorschlägen	
ZIEL: • Neue Ideen für das VERDO	**INHALT:** Entwicklung von Ideen und Ansätzen als Weiterentwicklung aus der SWOT-Analyse **(A)** Welche Stärken passen zu welchen Chancen? Womit/Wie kann man die Stärken des VERDO in Zukunft noch besser für einen tragfähigen Betrieb nutzen, so dass sich die Chancenrealisierung erhöht? **(B)** Womit/Wie kann man die Defizite des VERDO ausgleichen bzw. wie kann man die Herausforderung angehen, dass trotz Schwächen Chancen genutzt werden? Wie können Schwächen zu Stärken entwickelt werden? Wie/Womit kann man sich die benannten Chancen für den tragfähigen Betrieb des VERDO zu Nutze machen? **(C)** Wie/Wodurch lassen sich die Risiken für das VERDO durch die externen Umstände abschwächen oder zu Nutze machen? Welchen Risiken können wir mit welchen Stärken begegnen? Wie können vorhandene Stärken eingesetzt werden, um den Eintritt bestimmter Risiken abzuwenden? **(D)** Wie kann die VERDO GmbH trotz Schwächen den Gefahren trotzen – oder auf welche Gefahren darf sie sich nicht einlassen, da entsprechende Stärken fehlen? Wie kann das Veranstaltungshaus sich sonst vor Gefahren schützen?
AUFGABE DOZENT: • Gruppenaufgabe vorbereiten und präsentieren • Präsentation und Diskussion der Teilnehmer thematisch zusammenfassen und präsentieren • Entwicklungsperspektiven herausarbeiten und festhalten	

Abb. 6.6 PHASE 4: Entwicklung von Handlungsvorschlägen

AUFGABE STUDENT: Für die Herleitung von Handlungsvorschlägen gehen die BearbeiterInnen der Fallstudie in folgenden Schritten vor: • Priorisierung der Ergebnisse der Stärken und Schwächen sowie der Chancen und Risiken • Ordnung der Kombinationen aus interner und externer Analyse mit Hilfe der SWOT-Matrix • Ausarbeitung von Strategischen Maßnahmen, die den Nutzen aus Stärken und Chancen maximieren und die Verluste aus Schwächen und Gefahren minimieren. Hierbei können folgende Leitfragen die BearbeiterInnen unterstützen: (A) Welche Stärken passen zu welchen Chancen? Womit/Wie kann man die Stärken des VERDO in Zukunft noch besser für einen tragfähigen Betrieb nutzen, so dass sich die Chancenrealisierung erhöht? (B) Womit/Wie kann man die Defizite des VERDO ausgleichen bzw. wie kann man die Herausforderung angehen, dass trotz Schwächen Chancen genutzt werden? Wie können Schwächen zu Stärken entwickelt werden? Wie/Womit kann man sich die benannten Chancen für den tragfähigen Betreib des VERDO zu Nutze machen? (C) Wie/Wodurch lassen sich die Risiken für das VERDO durch die externen Umstände abschwächen oder zu Nutze machen? Welchen Risiken können wir mit welchen Stärken begegnen? Wie können vorhandene Stärken eingesetzt werden, um den Eintritt bestimmter Risiken abzuwenden? (D) Wie kann die VERDO GmbH trotz Schwächen den Gefahren trotzen - oder auf welche Gefahren darf sie sich nicht einlassen, da entsprechende Stärken fehlen? Wie kann das Veranstaltungshaus sich sonst vor Gefahren schützen?	
KOMMUNIKATIONSMEDIUM: Moderationskoffer	**METHODIK:** Gruppenarbeit Präsentation Diskussion
MATERIAL: • Pinnwände • Moderationskoffer • Werkzeug SWOT-Analyse (s. Kapitel 4.1)	

Abb. 6.7 PHASE 4: Entwicklung von Handlungsvorschlägen (Fortsetzung)

Für das Format L benötigen die Bearbeiterinnen und Bearbeiter der Case Study die Informationen und Materialien aus dem Kapitel 3 der Fallgeschichte. Hier werden interne und externe Aspekte des VERDO präsentiert. Diese bilden die Grundlage für die SWOT-Analyse, das neue strategische Marketingkonzept sowie für das neue Geschäftsmodell.

PHASE 5: Präsentation & Diskussion

ZIEL:	INHALT:
• VERDO WE GO?	Präsentation der Entwicklungsmöglichkeiten des VERDO

AUFGABE DOZENT:
- Präsentation und Diskussion der Teilnehmer thematisch zusammenfassen und präsentieren
- Entwicklungsperspektiven herausarbeiten und festhalten

AUFGABE STUDENT:
- Präsentation der Entwicklungsmöglichkeiten
- Diskussion

KOMMUNIKATIONSMEDIUM:	METHODIK:
Moderationskoffer	Gruppenarbeit Präsentation Diskussion

MATERIAL:
- Pinnwände
- Moderationskoffer

Abb. 6.8 PHASE 5: Präsentation & Diskussion

PHASE 6: Evaluierung

ZIEL:	INHALT:
• Dokumentation der Veranstaltung • Bewertung der Teilnehmer • Bewertung der Veranstaltung	• Gesammelten Kenntnisse und Fähigkeiten werden zusammengefasst und dokumentiert • Feedback durch Teilnehmer • Feedback durch Dozent • Differenzierte Bewertung der Veranstaltung

AUFGABE DOZENT:
- Dokumentation der Veranstaltung
- Bewertungsbogen für die Teilnehmer vorbereiten
- Bewertung der Teilnehmer
- Sprechstunde für Feedback
- Teilnahmebescheinigung

AUFGABE STUDENT:
- Bewertung der Veranstaltung

KOMMUNIKATIONSMEDIUM:	METHODIK:
Mail	Einzelarbeit

MATERIAL:
- Evaluationsbogen
- Teilnahmebescheinigung

Abb. 6.9 PHASE 6: Evaluierung

PHASE 1: Einführung in die Veranstaltung	

ZIEL:
• Begrüßung
• Vermittlung Seminarkonzept
• Grundverständnis für Fallstudienarbeit
• Kennenlernen der Teilnehmer
	INHALT:
	• Ablauf der Veranstaltung und Vorstellung des Seminarkonzepts (Arbeitsaufwand, Leistungsanforderungen, etc.)
	• Lehr- und Lernkonzept der Arbeit mit Case Studies
	  • Was sind Case Studies?
	  • Welchen Nutzen haben Sie?
	  • Wie erfolgt die Bearbeitung?
	• Kennenlernspiel mit Hilfe von Interviewfragen:
	  • Wer sind Sie?
	  • Warum machen Sie bei dieser Case Study mit?
	  • Was erwarten Sie von diesem Seminar?
	• Einführung in die Thematik:
	  • Entwicklung neues Geschäftsmodell
	  • Strategischer Marketing-Managementprozess

AUFGABE DOZENT:
• Begrüßung und Präsentation des Seminar- und Lernkonzepts
• Kennenlernspiel
• Präsentation der Lernthemen:
  • Entwicklung eines neuen Geschäftsmodells (Businessplan), (s. Kapitel 4.2)
  • Strategischer Marketing-Managementprozess (s. Kapitel 4.3)
  • Literaturempfehlung (s. Kapitel 4.6)
• Klärung von Fragen	

AUFGABE STUDENT:
• Der Student stellt beispielsweise kurz seinen Stuhlnachbarn vor mit Hilfe der Fragen:
  • Wer sind Sie?
  • Warum machen Sie bei dieser Fallstudie mit?
  • Was erwarten Sie von diesem Seminar?	

KOMMUNIKATIONSMEDIUM: Beamer Paper	**METHODIK:** Präsentation Partnerarbeit Vorlesung

Abb. 6.10 PHASE 1: Einführung in die Veranstaltung

MATERIAL:
- Werkzeug „neues" Geschäftsmodell (s. Kapitel 4.2)
- Werkzeug Marketing (s. Kapitel 4.3)
- Weiterführende Literatur (s. Kapitel 4.6)

Abb. 6.11 PHASE 1: Einführung in die Veranstaltung (Fortsetzung)

PHASE 2: Erste Einsicht / Fallerfassung	
ZIEL: - Erfassen der Fallgeschichte und ihrer Problematik - Aufgabe auswählen und Themenfeld eingrenzen	**INHALT:** - Konfrontation mit der Fallgeschichte - Themenvergabe

AUFGABE DOZENT:
- Fallgeschichte bereitstellen
- Ergebnis SWOT-Analyse bereitstellen (s. Kapitel 4.4)
- Aufgabenoptionen vermitteln:
  - Werkszeug „neues" „Geschäftsmodell (s. Kapitel 4.2)
  - Werkzeug neues Marketing Konzept (s. Kapitel 4.3)
- Das zu entwickelnde Geschäftsmodell sowie Marketingkonzept soll
  - den Status Quo der VERDO GmbH maßgeblich verbessern.
  - innovativ sein und die bestehenden Kompetenzen der VERDO GmbH aufgreifen.
  - einen Mehrwert bieten für den Endkunden (Veranstalter, Nutzer, Besucher, Kooperationspartner, Sponsoren, etc.).
  - nachhaltigen finanziellen Erfolg versprechen.
  - berücksichtigen, dass die Sommerlichen Musiktage Hitzacker weiterhin im VERDO stattfinden können.
- Die zu entwickelnden Strategien können in Form einer schriftlichen Hausarbeit oder im Rahmen eines Workshops ausgearbeitet werden.
- Klärung von Fragen	

AUFGABE STUDENT: - Fallgeschichte plus Zusatzmaterial lesen (Kapitel 1-6) - Ergebnis des Workshops „VERDO WE GO?" lesen (s. Kapitel 4.4) - Aufgabe auswählen und Themenfeld eingrenzen	
KOMMUNIKATIONSMEDIUM: Paper	**METHODIK:** Einzelarbeit
MATERIAL: - Fallgeschichte plus Zusatzmaterial (Kapitel 1-6) - Exemplarisches Ergebnis des Workshops „VERDO WE GO?" (s. Kapitel 4.4)	

Abb. 6.12 PHASE 2: Erste Einsicht/Fallerfassung

PHASE 3: Analyse / Bearbeitung des Falls	
ZIEL: • Ein Grundverständnis für das Themenfeld entwickeln und Schwerpunkte setzen • Lernen, die erforderlichen Informationen zu beschaffen und zu bewerten	**INHALT:** • Information über die Aufgaben und über das bereitgestellte Fallmaterial • selbständiges Erschließen von Informationsquellen
AUFGABE DOZENT: • Ansprechpartner • Präsentation der Leitfragen zu den Aufgaben (s. Kapitel 4.2, 4.3) • Klärung von Fragen	
AUFGABE STUDENT: • Verständnis aufbauen für den Kontext und Problemdefinition • Ausarbeitung einer Fragestellung • Erstellung einer Gliederung • Selbständiges Erschließen von erforderlichen Informationen • Selbständiges Erschließen von Sekundärliteratur, die das ausgewählte Themenfeld wissenschaftlich untermauert • Feedback vom Dozenten einholen	
KOMMUNIKATIONSMEDIUM: Mail	**METHODIK:** Einzelarbeit / Gruppenarbeit
MATERIAL: • Fallgeschichte plus Zusatzmaterial (Kapitel 1-6) • Ergebnis des Workshops „VERDO WE GO?" (s. Kapitel 4.4) • Werkzeug „neues" Geschäftsmodell (s. Kapitel 4.2) • Werkzeug Marketing (s. Kapitel 4.3) • Weiterführende Literatur (siehe: Kapitel 4.6)	

Abb. 6.13 PHASE 3: Analyse/Bearbeitung des Falls

Beim Format L bedient der Lehrende sich der Lehrpläne S und M.
Der zeitliche Umfang des Lehrplans L ist variabel einsetzbar.
Im Kap. 7 befinden sich für den Lehrenden folgende unterstützende Zusatzmaterialien und mögliche Lösungsansätze, die nicht als Musterlösung betrachtet werden dürfen:

6.3 Format L

PHASE 4: Entwicklung von Handlungsvorschlägen	
ZIEL: • Entwicklung einer PowerPoint-Präsentation oder Hausarbeit mit mind. 25 Seiten	**INHALT:** • Selbständiges Vertiefen eines Themas • Anwendung eines theoretischen Themas auf die Fallstudie • Wissenschaftliches Arbeiten
AUFGABE DOZENT: • Ansprechpartner • Klärung von Fragen	
AUFGABE STUDENT: Die BearbeiterInnen haben sich für eine Aufgabe entschieden und einer Gliederung inklusive Fragestellung bei dem Dozenten eingereicht. Jetzt entwickeln sie Maßnahmen / Handlungsvorschläge für das VERDO, die sie entweder im Rahmen einer Hausarbeit oder einer PowerPoint-Präsentation ausarbeitet. Der Umfang der Hausarbeit sollte mindestens 25 Seiten haben. Pro geschriebene Seite sollten ca. 3 wissenschaftliche Quellen genutzt werden, um den Standpunkt zu formulieren und zu argumentieren. Der Umfang der PowerPoint-Präsentation sollte mindestens 35 Seiten haben. Auch hier sollen wissenschaftliche Quellen mit einbezogen werden., um die Standpunkte zu formulieren und zu argumentieren	
KOMMUNIKATIONSMEDIUM: Persönlich / Mail	**METHODIK:** Einzelarbeit / Gruppenarbeit

Abb. 6.14 PHASE 4: Entwicklung von Handlungsvorschlägen

- Werkzeug SWOT-Analyse (s. Abschn. 7.1)
- Werkzeug „neues" Geschäftsmodell (s. Abschn. 7.2)
- Werkzeug Marketing (s. Abschn. 7.3)
- Weiterführende Literatur (s. Kapitel „Weiterführende Literatur")

PHASE 5: Präsentation & Diskussion

ZIEL:
- Präsentationstechniken kennenlernen und diese umsetzen
- Argumentations- und Analysekompetenz stärken
- Praxiserfahrung austauschen

INHALT:
- Präsentation inhaltlich und formal vorbereiten
- Diskussion mit Teilnehmern, Dozent und ggfls. Unternehmensvertretern
- Gegenüberstellung und Bewertung der anderen Lösungsvorschläge
- Vergleich mit anderen Lösungsvorschlägen

AUFGABE DOZENT:
- Vorbereitung der Präsenzveranstaltung
- Moderation

AUFGABE STUDENT:
- Präsentation inhaltlich und formal vorbereiten
- Präsentation der Entwicklungsmöglichkeiten
- Diskussion und Bewertung

KOMMUNIKATIONSMEDIUM:
Persönlich

METHODIK:
Vorlesung
Präsentation
Diskussion
Moderation

MATERIAL:
- Flipchart
- Bord
- Moderationskoffer
- Leinwand
- Beamer

Abb. 6.15 PHASE 5: Präsentation & Diskussion

Material zu den Lehrplänen 7

7.1 Werkzeug SWOT-Analyse

Bei der vorliegenden Case Study wenden die Bearbeiterinnen und Bearbeiter beim Lehrplan **Format S** eine SWOT–Analyse bei dem Kultur- und Veranstaltungshaus VERDO an, um den Status quo der Einrichtung zu ermitteln.

Was genau ist eine SWOT-Analyse? Die SWOT-Analyse (Analysis of **S**trengths (Stärken), **W**eaknesses (Schwächen), **O**pportunities (Chancen) und **T**hreats (Gefahren) ist ein Instrument der strategischen Planung. Sie dient der Positionsbestimmung und der Strategieentwicklung von Unternehmen und anderen Organisationen. Und stellt eine Verbindung von (interner) Unternehmensanalyse und externer Umweltentwicklungs-Analyse dar.

Die gängige Vorgehensweise beginnt mit einer **externen** und **internen Unternehmensanalyse**. Bei der externen Analyse (Umweltanalyse) wird die Unternehmensumwelt untersucht. Die Chancen bzw. Risiken kommen von außen und ergeben sich aus den Marktveränderungen, in der technologischen, sozialen oder ökologischen Umwelt. Das Unternehmen beobachtet oder antizipiert diese Veränderungen und reagiert darauf mit Strategieanpassung.

Bei der internen Analyse (Unternehmensanalyse) werden die internen Stärken und Schwächen untersucht. Die Stärken und Schwächen werden vom Unternehmen selbst produziert, sind also Ergebnis der organisatorischen Prozesse.

Aus der Kombination der internen und externen Analysen werden dann verschiedene strategische Konsequenzen hergeleitet. Es wird versucht, den Nutzen aus Stärken und Chancen zu maximieren und die Verluste aus Schwächen und Gefahren zu minimieren. Hierzu wird gezielt nach folgenden Kombinationen gesucht, danach wird gefragt, welche passenden strategischen Maßnahmen sich daraus ableiten und entwickeln lassen:

Stärke-Chancen-Kombination: Welche Stärken passen zu welchen Chancen? Wie können Stärken genutzt werden, sodass sich die Chancenrealisierung erhöht?

Stärke-Risiken-Kombination: Welchen Risiken können wir mit welchen Stärken begegnen? Wie können vorhandene Stärken eingesetzt werden, um den Eintritt bestimmter Risiken abzuwenden?

Schwäche-Chancen-Kombination: Wie können trotz Schwächen Chancen genutzt werden? Wie können Schwächen zu Stärken entwickelt werden?

Schwäche-Risiken-Kombination: Wie können wir trotz Schwächen den Gefahren trotzen – oder auf welche Gefahren dürfen wir uns nicht einlassen, da entsprechende Stärken fehlen?
Wie können wir uns sonst vor Gefahren schützen?
Für die Priorisierung und Ordnung der Kombinationen aus interner und externer Analyse kann die in Abb. 7.1 gezeigte SWOT-Matrix hilfreich sein:

Anleitung für die Durchführung einer SWOT-Analyse am Beispiel VERDO Für die interne und externe Analyse beantworten die Bearbeiterinnen und Bearbeiter der Case Study in Gruppenarbeit folgende Fragen stichpunktartig:

- Was sind wertvolle Ressource, Kompetenzen und Stärken der VERDO GmbH?
- Worin liegen die Probleme, Verbesserungsbedarf und interne Herausforderungen der VERDO GmbH?
- Welche äußeren Gelegenheiten, Entwicklungen und Trends stellen eine Chance für die Zukunft der VERDO GmbH dar?
- Welche äußeren Umstände und Entwicklungen stellen ein Risiko für das Bestehen der VERDO GmbH dar?

Für die Herleitung strategischer Maßnahmen gehen die Bearbeiterinnen und Bearbeiter der Case Study in folgenden Schritten vor:

1. Priorisierung der Ergebnisse der Stärken und Schwächen sowie der Chancen und Risiken
2. Ordnung der Kombinationen aus interner und externer Analyse mit Hilfe der SWOT-Matrix
3. Ausarbeitung von Strategischen Maßnahmen, die den Nutzen aus Stärken und Chancen maximieren und die Verluste aus Schwächen und Gefahren minimieren. Hierbei können folgende Leitfragen die Bearbeiterinnen und Bearbeiter unterstützen:

7.1 Werkzeug SWOT-Analyse

	Externe Analyse	
Matrix SWOT-Analyse	(3) Chancen • .... • .... •	(4) Risiken • .... • .... • ....
(1) Stärken • .... • .... •	(1/3) Ausbauen! *Maßnahmen:* -> .... -> .... ->	(1/4) Absichern! *Maßnahmen:* -> .... -> .... -> ....
(2) Schwächen • .... • .... •	(2/3) Aufholen! *Maßnahmen:* -> .... -> .... ->	(2/4) Meiden! *Maßnahmen:* -> .... -> .... -> ....

(Interne Analyse)

Abb. 7.1 SWOT-Analyse

a. Welche Stärken passen zu welchen Chancen? Womit/Wie kann man die Stärken des VERDO in Zukunft noch besser für einen tragfähigen Betrieb nutzen, sodass sich die Chancenrealisierung erhöht? **(Stärke-Chancen-Kombination)**
b. Womit/Wie kann man die Defizite des VERDO ausgleichen bzw. wie kann man die Herausforderung angehen, dass trotz Schwächen Chancen genutzt werden? Wie können Schwächen zu Stärken entwickelt werden? Wie/Womit kann man sich die benannten Chancen für den tragfähigen Betreib des VERDO zu Nutze machen? **(Schwäche-Chancen-Kombination)**
c. Wie/Wodurch lassen sich die Risiken für das VERDO durch die externen Umstände abschwächen oder zunutze machen? Welchen Risiken können wir mit welchen Stärken begegnen? Wie können vorhandene Stärken eingesetzt werden, um den Eintritt bestimmter Risiken abzuwenden? **(Stärke-Risiken-Kombination)**
d. Wie kann die VERDO GmbH trotz Schwächen den Gefahren trotzen – oder auf welche Gefahren darf sie sich nicht einlassen, da entsprechende Stärken

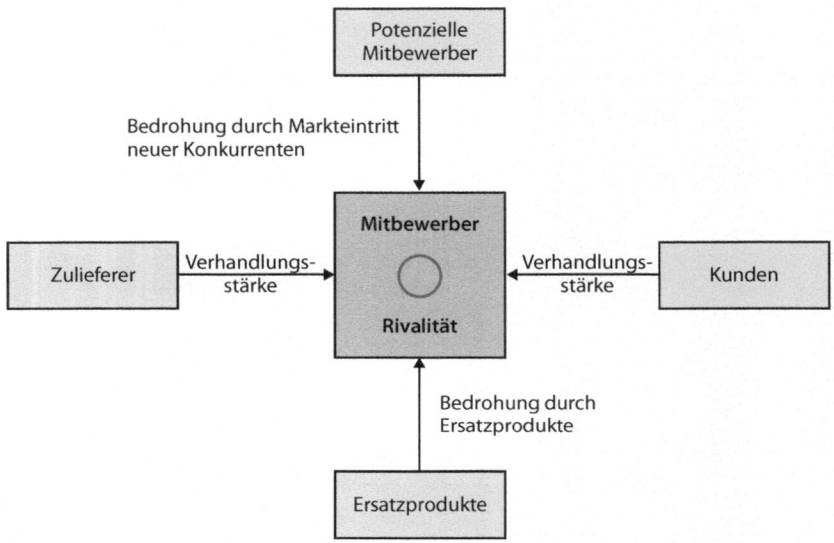

fehlen? Wie kann das Veranstaltungshaus sich sonst vor Gefahren schützen? **(Schwäche-Risiken-Kombination)**
e. Welche Umweltfaktoren beeinflussen das Unternehmen? Wie viele Ersatzprodukte und (potenzielle) Mitbewerber gibt es? Welche Verhandlungsmacht besitzen Zulieferer und Kunden?

7.2 Werkzeug „neues" Geschäftsmodell

Bei der vorliegenden Case Study haben die Bearbeiterinnen und Bearbeiter beim Lehrplan **Format M** die Möglichkeit, ein neues Geschäftsmodell bzw. einen neuen Geschäftsplan für die VERDO GmbH zu entwickeln. Dieser wird anhand von einigen Leitfragen erarbeitet.

Das zu entwickelnde Geschäftsmodell soll

- den Status quo der VERDO GmbH maßgeblich verbessern,
- innovativ sein und die bestehenden Kompetenzen der VERDO GmbH aufgreifen,
- einen Mehrwert bieten für den Endkunden (Veranstalter, Nutzer, Besucher, Kooperationspartner, Sponsoren etc.),
- nachhaltigen finanziellen Erfolg versprechen,

7.2 Werkzeug „neues" Geschäftsmodell

- berücksichtigen, dass die Sommerlichen Musiktage Hitzacker weiterhin im VERDO stattfinden können.

Was ist ein Geschäftsplan? Der Geschäftsplan ist die ausgearbeitete und ausformulierte Zusammenfassung einer Geschäftsidee sowie der Maßnahmen, die zu ergreifen sind, um diese Geschäftsidee umzusetzen. Ein Geschäftsplan wird sowohl zur strategischen Planung bestehender Unternehmen als auch für eine Unternehmensgründung eingesetzt.

Er beschreibt, wie die neue Geschäftsidee umgesetzt werden soll, an welche Zielgruppe sich das neue Geschäftsmodell richtet, wo die Chancen und Risiken liegen und ob sich das neue Modell überhaupt lohnt – der neue Geschäftsplan ist somit eine Machbarkeitsstudie und Wirtschaftlichkeitsstudie der neuen Geschäftsidee.

Anleitung für die Entwicklung eines neuen Geschäftsmodells für die VERDO GmbH Die Bearbeiterinnen und Bearbeiter befassen sich mit der Fallgeschichte und deren Zusatzmaterial und entwickeln aus diesem Basiswissen in Kleingruppen oder als Selbststudium einen neuen Geschäftsplan für die VERDO GmbH. Dabei versetzen sie sich in die Position der VERDO Gesellschafter, listen die wesentlichen Bestandteile ihres neuen Geschäftsplans auf und gehen besonders auf die strategische Positionierung ein. Im Anschluss werden die neuen Geschäftsmodelle präsentiert und diskutiert.

Die Präsentation des neuen Geschäftsmodells soll folgende Kapitel vorweisen:

1. Produkt- und Unternehmensidee: Hier stehen die wichtigsten Punkte des Vorhabens (Idee, Zielgruppe), kurz und prägnant formuliert.
2. Branchen- und Wettbewerbsanalyse: Hier wird ein vertiefter Einblick zur Konkurrenz- und Kundensituation präsentiert.

Für Unternehmen in einer sehr komplexen Umwelt ist es sehr schwer und kaum möglich, sich einen Überblick über die vielfältigen externen und internen Risiken und Chancen zu verschaffen. Eines der bekanntesten Instrumente, um das Umfeld eines Unternehmens innerhalb einer Branche zu analysieren, ist die **Branchenstrukturanalyse** von Michael E. Porter.

Mit der **Branchenstrukturanalyse** wird die Attraktivität der Branche aus der Sicht eines Unternehmens bestimmt und bewertet. Hierzu werden die fünf Komponenten der Branchenstruktur (sogenannte „**five forces**") analysiert und bewertet:

- Verhandlungsmacht der Lieferanten
- Bedrohung durch neue Wettbewerber
- Bedrohung durch Ersatzprodukte
- Verhandlungsmacht der Kunden
- Wettbewerbsintensität in der Branche

Mit diesem Instrument sollen analytisch die einzelnen Komponenten nach Chancen und Risiken sowohl für die Gegenwart als auch für die Zukunft bewertet werden.

3. Eine Branche gilt als attraktiv, wenn eine langfristige und profitable Existenz des Unternehmens möglich ist (vgl. Porter 1980, S. 1).
4. Unternehmensanalyse: Um ein neues erfolgreiches Geschäftsmodell zu entwickeln, bedarf es jedoch zusätzlich zu der externen Branchenanalyse, eine interne Unternehmensanalyse. Die Bearbeiter/innen präsentieren die Ressourcen und Potenziale (finanzielle, physische, organisatorische, technologische etc.) ihres neuen Unternehmensmodells.
5. Marketing und Vertrieb: Hier nehmen die Bearbeiter/innen zur Markteintrittsstrategie und zu konkreten Werbe- und Vertriebsüberlegungen ausführlich Stellung. Wie erreichen Sie Ihre Kunden? Welchen Marketing-Mix verfolgt das neue Geschäftsmodell des VERDO?
6. Gründer- und Managementteam: Hier werden alle Teammitglieder mit ihren spezifischen, für das Vorhaben wichtigen Qualifikationen vorgestellt.
7. Finanzplanung: Hier ermitteln die Bearbeiter/innen den Kapitalbedarf und zeigen auf, wie sie diesen decken wollen.

7.3 Werkzeug Marketing

Die Bearbeiterinnen und Bearbeiter der Case Study analysieren die Marketingsituation der VERDO GmbH und entwickeln ein neues strategisch ausgerichtetes Marketingkonzept für die VERDO GmbH, das darauf ausgerichtet ist,

- den Status quo der VERDO GmbH maßgeblich zu verbessern,
- innovativ zu sein und die bestehenden Kompetenzen der VERDO GmbH aufzugreifen,
- einen Mehrwert für den Endkunden (Veranstalter, Nutzer, Besucher, Kooperationspartner, Sponsoren etc.) zu bieten,
- nachhaltigen finanziellen Erfolg zu versprechen,
- dass die Sommerlichen Musiktage Hitzacker weiterhin im VERDO stattfinden können.

Was ist Marketing? Die VERDO GmbH kann nur bestehen, wenn sie sich in der Landschaft der kulturellen Veranstaltungsstätten Wettbewerbsvorteile erarbeitet. Dieses sind besondere Fähigkeiten, die in Vorteile für den Besucher/Nutzer umgesetzt werden müssen.

7.3 Werkzeug Marketing

Abb. 7.2 Bausteine der Besucherorientierung

> **BAUSTEINE DER BESUCHERORIENTIERUNG**
>
> 1. Besucherorientierung als Denkstil
> 2. Besucheranalyse
> 3. Besuchersegmentierung
> 4. Besucherbehandlung
> 5. Besucherzufriedenheit
> 6. Besucherbindung

So entsteht für die VERDO GmbH nur ein Wettbewerbsvorteil, wenn sie in den Augen der Besucher/Nutzer im Vergleich zu den in Betracht gezogenen Alternativen Vorteile bietet.

Marketing bedeutet: Wettbewerbsvorteile zu suchen, im Markt zu realisieren und auszubauen.

Marketing umfasst:

- Eine Denkhaltung, die geprägt ist durch das Denken in Wettbewerbsvorteilen. Das zentrale Vehikel zur Erringung von Wettbewerbsvorteilen (Attraktivität und Unverwechselbarkeit) ist **Besucherorientierung** (Abb. 7.2).
- Die Anwendung von Instrumenten (Tools, z. B. Kundenanalyse, Segmentierung, Werbung usw.)
- Die interne Abstimmung aller auf Anbieterseite Beteiligten, um Wettbewerbsvorteile und Kundenzufriedenheit zu erzielen.

Wettbewerbsvorteile Es gibt vier Arten von Wettbewerbsvorteilen („Kundenvorteile"; aus Sicht des Konsumenten):

1. **Qualitätsvorteil bzw. Nutzenvorteil („besser").** Das Angebot bzw. das Vertrags-Tauschobjekt enthält überlegene Qualitätseigenschaften.
2. **Kostenvorteil („kostengünstiger für den Besucher").** Die Gegenleistung für das Vertragsobjekt/Tauschobjekt bringt für den Kunden mit sich:
   - niedrigere Entwicklungskosten
   - niedrigere Anschaffungskosten (inklusive Anschaffungsnebenkosten)
   - niedrige laufende Kosten (Unterhalt, Betrieb)
   - niedrige Entsorgungskosten
3. **Zeitvorteil („schneller").** Das Angebot (Vertragsobjekt/Tauschobjekt) ist für den Kunden schneller verfügbar.

4. **Verlässlichkeitsvorteil („Einhalten von Leistungsversprechen")**. Der Anbieter hält Leistungsversprechen im Vergleich zu Wettbewerben mit höherer Wahrscheinlichkeit ein (vgl. Günter 1997, S. 215 f.).

Beurteilung der VERDO GmbH durch die Besucher/die Nutzer Die Qualitätsbeurteilung der VERDO GmbH durch den Besucher/die Nutzer bezieht sich stets auf alle Angebotsbestandteile, auf das „Was" und auf das „Wie". Jeder Besucher und Nutzer der VERDO GmbH hat zwei Erfahrungskomponenten, zum einen, was dem Besucher/Nutzer präsentiert wird, und zum anderen, wie er diese Präsentation nahegebracht und vermittelt bekommt.

Die folgende Auflistung zeigt, was der VERDO-Besucher/Nutzer alles beurteilen kann, sobald er mit dem VERDO in Kontakt tritt:

- Art und Weise des Telefonkontakts
- Höflichkeit/Freundlichkeit der Mitarbeiter
- Eingangsbereich
- Kataloge, Plakate
- Kompetenz der Mitarbeiter
- Schnelligkeit bei Anfragen
- Restaurant
- Events
- Preis-/Leistungsverhältnis
- Ermäßigungen
- Glaubwürdigkeit/Vertrauen
- Werbung/Kommunikation
- Raumgestaltung
- Verhalten bei Beschwerden
- Erreichbarkeit
- Internetauftritt etc.

Für eine positive Beurteilung der VERDO GmbH durch die Besucher/Nutzer müssen die Führung und Mitarbeiter der VERDO GmbH all diese Komponenten der „Erlebniswelt VERDO" berücksichtigen und an die Erwartungen der Besucher/Nutzer ausrichten und überprüfen. Nur so kann es zu einer erfolgreichen Besucher-/Nutzerbindung kommen.

Strategischer Kulturmarketing-Managementprozess Die unsichere, unklare und damit risikoreiche Zukunft der VERDO GmbH erfordert eine langfristige strategische Planung, die Alternativen und Handlungsmöglichkeiten für die unterschiedlichsten Entwicklungsszenarios entwickelt. Durch die starke Konkurrenz im Kultur- und Veranstaltungssektor im ländlichen Raum, dem demografischen Wandel, den Rückgang öffentlicher Zuwendungen, das Wegbrechen traditioneller Kundensegmente, durch die wachsende Mobilität der Kunden, durch Lebensstil- und Erlebnisorientierung usw. wird auch das VERDO noch größere Schwierigkeiten haben, weiterhin auf dem Markt bestehen zu können.

„Strategisches Marketing verlangt den Einsatz von Planungstechniken, mit deren Hilfe ein vielfältiges Spektrum von Fakten und Meinungen so dargestellt wird, dass die notwendigen Strategien erkannt bzw., abgeleitet werden können." (Müller-Wesemann 1992, S. 42).

Strategisches Management ist deshalb nicht eine bloße Aufgabe oder Funktion innerhalb eines Kultur- und Veranstaltungsortes, sondern ein dynamischer, zukunftsorientierter Managementprozess (siehe Abb. 7.3).

Anleitung für die Entwicklung eines neuen Marketingkonzepts für die VERDO GmbH Die Bearbeiterinnen und Bearbeiter befassen sich mit der Fallgeschichte und deren Zusatzmaterial und entwickeln aus diesem Basiswissen heraus in Kleingruppen oder als Selbststudium, einen neues Marketingkonzept für die VERDO GmbH. Dabei versetzen sie sich in die Position der VERDO Gesellschafter und bearbeiten die wesentlichen Bestandteile des Kulturmarketing-Managementprozesses heraus.

Zur Erreichung der definierten Ziele (Was genau will das VERDO erreichen? Wen genau will das VERDO erreichen?) entwickeln die Bearbeiterinnen und Bearbeiter Marketingstrategien, die operativ mit Hilfe der Marketinginstrumente umgesetzt werden. Dabei handelt es sich um die Instrumente: Produktpolitik, Preispolitik, Distributionspolitik, Kommunikationspolitik und Servicepolitik. Im Anschluss wird das neue Marketingkonzept der VERDO GmbH präsentiert und diskutiert.

Als Grundlage für das neue Marketingkonzept benötigen die Bearbeiter/innen folgende Unterlagen:

- Fallgeschichte (Kapitel 3)
- Exemplarisches Ergebnis des Workshops „VERDO WE GO?" (SWOT-Analyse) (S. Kapitel 3)

Für die Erarbeitung eines neuen Marketingkonzepts befassen sich die Bearbeiter/innen der Case Study mit mehreren Schritten des Kulturmarketing-Managementprozesses (Abb. 7.3):

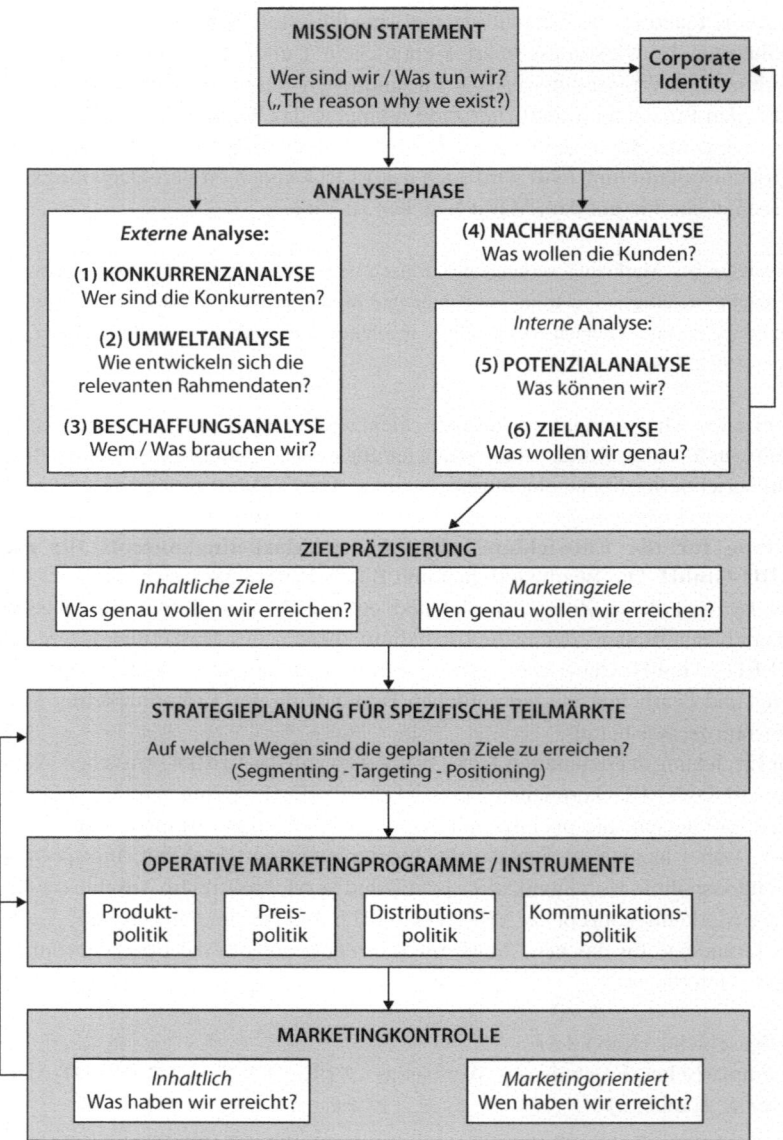

Abb. 7.3 Der strategische Kulturmarketing-Managementprozess (in Anlehnung an Klein 2008, S. 540)

7.3 Werkzeug Marketing

1. Mission-Statement
2. Corporate Identity
3. Analyse-Phase und Zielpräzisierung
4. Strategieplanung
5. Operative Marketing-Instrumente

1. Mission-Statement Die Bearbeiterinnen und Bearbeiter der Case Study entwickeln ein *Mission Statement* für die VERDO GmbH. Das *Mission Statement*, bzw. das Unternehmensleitbild sollte kurz und gleichzeitig allgemein genug sein, um nicht ständig revidiert werden zu müssen und speziell genug, um klare Ziele und das Programm des VERDO zu verdeutlichen. Ausgangspunkt für die Bearbeitung des *Mission Statements* sind somit die Fragen, „Was ist das VERDO?", „Was macht das VERDO, bzw. bietet das VERDO an?".

Nach innen soll das *Mission Statement* der VERDO GmbH Orientierung geben und somit handlungsleitend und motivierend für die Einrichtung als Ganzes wirken. Nach außen soll es verdeutlichen, wofür die VERDO GmbH steht.

2. Corporate Identity Das Mission Statement ist die Basis für die Corporate Identity oder kurz CI (von engl. *corporation* für Gesellschaft, Firma und *identity* für Identität der VERDO GmbH). Die CI ist die Gesamtheit der Merkmale, die ein Unternehmen kennzeichnen und es von anderen Unternehmen unterscheiden, und zeigt sich im Handeln, Verhalten und in der Wahrnehmung sowohl von außen (*Corporate Image* = Fremdbild) als auch nach innen (*Corporate Personality* = Selbstbild). Diese Organisationsidentität präsentiert den gegenwärtigen Zustand der Einrichtung sowie die Einstellungen, Werte und Normen der Führungskräfte und Mitarbeiter. Das CI zeigt sich nach innen und außen in drei wesentlichen Dimensionen:

1. in der *Corporate Communication* (wie kommuniziert das VERDO nach innen und außen),
2. in der *Corporate Behaviour* (wie verhalten sich die Mitarbeiter des VERDO?)
3. in dem *Corporate Design* (wie stellt sich die Organisation optisch dar).

Hier ist die Aufgabe der Bearbeiter/innen der Fallstudie, das gegenwärtige Corporate Identity der VERDO GmbH zu spiegeln und zu präsentieren.

3. Analyse Phase und Zielpräzisierung Im Rahmen der Analyse und der Zielpräzisierung sollen die Bearbeiterinnen und Bearbeiter der Case Study eine Reihe von Analysen durchführen, die im Folgenden dargestellt werden. Im Rahmen dieser Analyse werden auch Entwicklungspotenziale für die VERDO GmbH aufgezeigt.

- **Konkurrenzanalyse:** Die Bearbeiterinnen und Bearbeiter der Case Study erläutern die Konkurrenzsituation der VERDO GmbH. Mit welchen anderen Angeboten konkurriert die VERDO GmbH? Hier ist bedeutsam, dass die Konkurrenzsituation nicht nur aus der Perspektive des VERDOs analysiert wird, sondern aus der Sichtweise der Nachfrager/Nutzer/Besucher (wohin gehen sie, anstatt ins VERDO zu gehen, bzw. das VERDO zu nutzen?)
- **Umweltanalyse:** Die Umwelt um das VERDO verändert sich stetig. Hier sollen die Bearbeiter/innen die Umweltfaktoren herausfiltern und erläutern, die das VERDO positiv sowie negativ beeinflussen. Folgende Leitfragen unterstützen die Umweltanalyse:
    – Welche finanziellen Entwicklungen (z. B. Finanzkraft öffentlicher Träger, Wirtschaftskraft möglicher Sponsoren etc.) beeinflussen die VERDO GmbH?
    – Welche technische Innovation (z. B. Internet, neue Medien etc.) wirken auf die VERDO GmbH?
    – Wie wirkt sich die demografische Entwicklung auf das VERDO aus?
    – Welche soziologischen Evolutionen üben Einfluss auf das Kultur- und Veranstaltungshaus (z. B. Geschmack, Trends, Lebensstile etc.) aus?
- **Beschaffungsanalyse:** Bei der Beschaffungsanalyse müssen die Bearbeiterinnen und Bearbeiter klären, was auf dem jeweiligen Beschaffungsmarkt besorgt werden muss:
    – Werden weitere Mitarbeiter (z. B. Techniker, Experten, Hilfskräfte etc.) gebraucht?
    – Werden zusätzliche Finanzmittel (z. B. Sponsoring, Fundraising) benötigt?
    – Muss die technische Ausstattung des VERDO erweitert, bzw. erneuert werden?
    – Wo können Partnerschaften und Kooperationen eingegangen werden?
- **Nachfrageanalyse:** Die Folgende Leitfragen können den Bearbeiterinnen und Bearbeiter bei der Nachfrageanalyse helfen:
    – Wer sind die (tatsächlichen und möglichen) Besucher?
    – Was erwarten die Besucher/Nutzer von der VERDO GmbH?
    – Was weiß die VERDO GmbH über die Besucher/Nutzer und ihr Verhalten?
    – Wer sind die überzeugten Nicht-Besucher, die auf gar keinen Fall das VERDO besuchen und nutzen möchten?
    – Welche möglichen Noch-Nicht-Besucher/Nutzer gibt es, die unter bestimmten Umständen das VERDO besuchen oder nutzen würden?
    – Warum kommen die Nicht-mehr-Besucher/Nutzer nicht mehr?

– Welche einzelnen Touchpoints durchläuft der Besucher/Nutzer, bevor er sich für den Kauf eines Produktes/einer Dienstleistung vom VERDO entscheidet?[1]
- **Potenzialanalyse:** Hier sollen die Bearbeiterinnen und Bearbeiter feststellen, was die VERDO GmbH tatsächlich leisten kann. Das Kultur- und Veranstaltungshaus kann sicherlich sehr ehrgeizige Ziele haben, sie müssen aber auch tatsächlich umsetzbar sein, um langfristig Erfolge zu erzielen. Daher ist hier zu erläutern, wo die Stärken/Schwächen und der VERDO GmbH liegen und wie mit diesen umzugehen ist. Welche Chancen und Risiken wachsen aus der Umwelt heraus, und wie kann die VERDO GmbH damit umgehen?
- **Zielanalyse und Zielpräzisierung:** Was genau will das VERDO erreichen? Wen genau will das VERDO erreichen? Auf der Grundlage der Mission formulieren die Bearbeiter/innen die strategischen und operativen Ober- und Unterziele präzise und auf einen zeitlichen Rahmen bezogen. Diese Ziele und Teilziele dienen als Steuerungsgrundlage für die für die VERDO GmbH.

4. Strategieplanung für spezifische Teilmärkte Nachdem die Ziele der VERDO GmbH definiert wurden, entwickeln die Bearbeiterinnen und Bearbeiter der Case Study Marketingstrategien, die die Route fixieren („Wie kommen wir dahin?") und dabei sicherstellen, dass alle operativen (taktischen) Instrumente auch zielführend eingesetzt werden.

Hier ist es sinnvoll die Besucher/Nutzer der VERDO GmbH nicht mit einer Marketingstrategie zu erreichen, sondern für ausgewählte Nachfrager(-gruppen) gezielte Angebote zu entwickeln und so Präferenzen beim Kunden zu schaffen sowie letztlich Wettbewerbsvorteile (Kundenvorteile) zu realisieren. Hierbei kann die Basisstrategie des *STP-Marketings* ein erfolgreiches Werkzeug sein. *STP-Marketing* ist „die Strategie des

1. *Segmenting* (d. h. der Segmentierung des potenziellen Gesamtmarktes nach bestimmten Zielgruppen z. B. nach unterschiedlichen Lebensstilen), des
2. *Targeting* (d. h. der Auswahl der lohnenden Zielgruppen nach ihrer Attraktivität, wobei diese ganz unterschiedlich begründet sein kann) sowie schließlich des

---

[1] Hierzu zählen direkte Interaktionspunkte wie beispielsweise Anzeigen oder Webseite und auch indirekte Kontaktpunkte wie beispielsweise Bewertungsportale oder Blogs, bei denen die Meinung anderer über eine Marke, ein Produkt, eine Dienstleistung oder eine Serviceleistung eingeholt wird.

3. *Positioning* (d. h. der spezifischen Positionierung künstlerischer und kultureller Produktionen für jedes einzelne Marktsegment)" (Klein 2008, S. 545).

Auf der Basis der STP-Strategien lassen sich weitere Strategien wie z. B. die Strategien

1. der Marktparzellierung,
2. der Marktfelder,
3. der Marktbeeinflussung,
4. der Marktarealisierung,
5. der Besucherbindung sowie schließlich
6. der Konkurrenzbegegnung entwickeln (Klein 2005, S. 273-308).

5. Operative Marketinginstrumente Hier entscheiden die Bearbeiterinnen und Bearbeiter über den Einsatz der Marketinginstrumente, bezogen auf die entsprechend festgelegten Strategien. Dies betrifft die Produktpolitik, die Preispolitik, die Kommunikationspolitik, sowie die Distributionspolitik des geplanten Projektes. So werden die eher abstrakten Ziele und Strategien operationalisiert.

1. Produktpolitik: Hier steht das jeweilige Produkt im Mittelpunkt, bzw. die Leistung des VERDOs. Die Produkt-/Leistungspolitik umfasst die Analyse, Planung, Umsetzung und Kontrolle von Aktivitäten bezüglich des Produktes/der Leistungen als Marketing-Instrument. Die Produkt-/Leistungspolitik gliedert sich im Wesentlichen in folgende Handlungsoptionen:

- Produkt-/Leistungsinnovation (Innovationsmanagement)
- Produkt-/Leistungsvariation,
- Produkt-/Leistungsmodifikation
- Produkt-/Leistungsdifferenzierung
- Produkt-/Leistungseliminierung.

Hier besteht die kreative Marketingaufgabe darin, Eine Produkt-/Leistungspositionierung vorzunehmen, „die einen möglichst hohen Annäherungsgrad an das jeweilige vom Nachfrager gewünschte Idealprodukt gewährleistet („Ihr Nutzen!"). Gleichzeitig soll eine klare Abgrenzung gegenüber Konkurrenten erreicht werden („Nur bei uns"!)" (Klein 2008, S. 547).

2. Preispolitik: Die Preispolitik befasst sich mit der Höhe der für die VERDO-Leistungen zu entrichtenden Entgelte. Der Preis steht dabei als Entgeltfaktor dem gesamten Leistungsbündel gegenüber. Er beeinflusst nicht nur die Entscheidung des Besuchers/Nutzers des VERDOs, überhaupt eine Leistung in Anspruch zu nehmen, sondern auch die Auswahl einer Leistung innerhalb eines Angebotsumfeldes. Die Preisbildung entwickelt sich aus zwei verschiedenen Aspekten. Zum einen aus der kostenorientierte Preisfindung, die verlangt, dass das geforderte Entgelt, die Kosten des VERDO deckt, und zum anderen aus der marktorientierten Preisfindung, die sich nach den Gegebenheiten des Marktes um das VERDO richtet.

3. Kommunikationspolitik: Die Kommunikationspolitik „trifft Ziel- und Maßnahmenentscheidungen zur aktiven Gestaltung der auf den (Meinungs-)Markt gerichteten Informationen einer Organisation. Ihre zentrale Frage lautet deshalb: Was soll wann wem mit welchem Ziel gesagt werden? Ihre Aufgabe ist das Finden bzw. die Entwicklung der zielgruppen-adäquaten Kommunikationsformen zur Übermittlung von Informationen und Bedeutungsinhalten, die der Steuerung und Beeinflussung von Meinungen, Einstellungen, Erwartungen und Verhaltensweisen spezifischer Zielgruppen." (Klein 2008, S. 549).

Zur Informationsübermittlung bzw. zur Dialoggestaltung dienen zahlreiche Kommunikationsinstrumente, die je nach Ziel und Zielgruppe entsprechend eingesetzt und angepasst werden. Zu den Kommunikationsinstrumenten gehören die klassischen Werbemaßnahmen (Außenwerbung, Plakatwerbung, Anzeigen in Zeitungen, Zeitschriften, Werbespots in Rundfunk etc.), die Öffentlichkeitsarbeit bzw. *Public Relation* (Broschüren, Veröffentlichungen, Kataloge, Handzettel, Gespräche etc.), die Pressearbeit und verkaufsfördernde Maßnahmen (Werbegeschenke, Preisausschreiben, Sonderangebote, Festivals, Gutscheine etc.), Online-/Social-Media-/Mobilkommunikation (Webseitenauftritt, Facebook, Newsletter, Mobileapp etc.).

4. Distributionspolitik: Wie erreicht die Dienstleistung, bzw. das Produkt möglichst optimal die anvisierte Zielgruppe (Nachfrager/Käufer/Kunden)? Wie kommt der Kunde möglichst komfortabel zum Produkt bzw. zu den entsprechenden Zugangsvoraussetzungen wie beispielsweise Anmelde-/Buchungsformulare, Eintrittskarten etc.? Eine zentrale Rolle spielen hier die direkten (Kasse, Webseite, Kartenhotline etc.) und indirekten (VVK-Stellen, Tourismusbüro, Onlineanbieter, Kooperationspartner etc.) Distributionskanäle. „Diese lassen sich definieren als die Gesamtheit aller ineinandergreifenden Organisationen, die am Austauschprozess beteiligt sind, um ein Produkt oder eine Dienstleistung zur Verwendung oder zum Gebrauch verfügbar zu machen. Die Frage der Absatzwege richtet sich somit auf die rechtlichen, ökonomischen und kommunikativ-sozialen Beziehungen aller am Distributionsprozess beteiligten Personen bzw. Institutionen." (Klein 2008, S. 540).

Literaturverzeichnis

Günter B (1997) Wettbewerbsvorteile, mehrstufige Kundenanalyse und Kunden-Feedback im Business-to-Business-Marketing, in: Backhaus G, Günter, B Kleinaltenkamp M, Plinke W, Raffee H (Hrsg) Marktleistung und Wettbewerb. Wiesbaden, S. 215 f.
Klein A (2005) Kulturmarketing. Das Marketingkonzept für Kulturbetriebe. München, S. 273–308
Klein A (2008) Kompendium Kulturmanagement, 2. Auflage. München, S. 545
Müller-Wesemann B (1992) Marketing im Theater. Hamburg, S. 42
VERDO – Verein für Bildung und Kultur e.V. (Hrsg) Satzung, 2012, S. 1
VERDO Hitzacker (Elbe) – Tourismusbetriebsgesellschaft mbH 2012

Weiterführende Literatur

SWOT-Analyse
Homburg C, Krohmer H(2009) Marketingmanagement, 3. Aufl. Gabler Verlag, Wiesbaden
Kaplan R, Norton D (2001) The Strategy Focused Organization. Harvard Business School Press, Boston
Kotler P, Lane K (2009) Marketing Management, 13. Aufl., Prentice Hall, Upper Saddle River
Meffert H, Burmann C, Kirchgeorg M (2008) Marketing, 10. Aufl. Springer Gabler, Wiesbaden
Welge M K, Al-Laham A (2008) Strategisches Management, 5. Aufl. Springer Gabler, Wiesbaden

Neues Geschäftsmodell/Businessplan
Bjerke B (2013) About Entrepreneurship. Edward Elgar Pub Cheltenham
Dowling M (2003) Businesspläne. In: Dowling M, Drumm, HJ (Hg) Gründungsmanagement. 2. Aufl. Berlin, Springer Heidelberg
Fallgatter MJ (2002) Theorie des Entrepreneurship: Perspektiven zur Erforschung der Entstehung und Entwicklung junger Unternehmungen. Deutscher Universitäts-Verlag, Wiesbaden
Faltin J (2011) Kopf schlägt Kapital: Die ganz andere Art ein Unternehmen zu gründen. Von der Lust ein Entrepreneur zu sein. Hanser München.
Freiling J (2006) Entrepreneurship: Theoretische Grundlagen und unternehmerische Praxis. Vahlen München
Fueglistaller U, Müller C, Müller S, Volery T (2008) Entrepreneurship: Modelle – Umsetzung – Perspektiven. Springer Gabler, Wiesbaden
Grichnik D, Brettel M, Koropp C, Mauer R (2010) Entrepreneurship: Unternehmerisches Denken, Entscheiden und Handeln in innovativen und technologieorientierten Unternehmungen. Schäffer-Poeschel, Schäffer Poeschel Stuttgart
Hisrich, R, Peters, M (1995) Entrepreneurship – starting, developing and managing a new enterprise. mcGraw-Hill Chicago
Kirst Uwe (2011) Selbständig mit Erfolg. 7. Aufl. Fachverlag Deutscher Wirtschaftsdienst München

Klandt H (2006) Gründungsmanagement: der integrierte Unternehmensplan: Business Plan als zentrales Instrument für die Gründungsplanung. 2. vollst. überarb. und stark erw. Aufl. de Gruyter München
Ripsas S, Zumholz H, Kolata, C (2008) Der Businessplan als Instrument der Gründungsplanung – Möglichkeiten und Grenzen. Berlin
Struck U (2001) Geschäftspläne. 3. Aufl. Stuttgart
Volkmann C, Tokarski O (2006) Entrepreneurship: Gründung und Wachstum von jungen Unternehmen. Stuttgart

Marketing

Bauer H, Große-Leege D, Rösger J (Hrsg) (2008) Interactive Marketing im Web 2.0+. München
Bruhn M (2013) Handbuch Kundenbindungsmanagement: Strategien und Instrumente für ein erfolgreiches CRM, 8. Aufl. Springer-Gabler, Wiesbaden
Bruhn M (2013) Relationship Marketing: das Management von Kundenbeziehungen, 3. Aufl. Vahlen München
Bruhn M (2009) Kommunikationspolitik: systematischer Einsatz der Kommunikation für Unternehmen. Vahlen München
Bruhn M (2014) Marketing: Grundlagen für Studium und Praxis, 12. Aufl. Springer-Gabler, Wiesbaden
Burkhart, R. (2002) Kommunikationswissenschaft. Grundlagen und Problemfelder, 4. Aufl. UTB Stuttgart.
Colbert F (2007) Marketing Culture and the Arts. Aufl. Montreal, Üaul & Co Pub Consortium HEC
Fuchs W, Unger F (2007) Management der Marketingkommunikation. Berlin et al. Springer-Gabler
Günter B, Hausmann A (2009) Kulturmarketing, Schriftenreihe Kunst- und Kulturmanagement. Springer-Gabler, Wiesbaden
Günter B (2012) Kulturmarketing, 2. Aufl. Springer-Gabler Wiesbaden
Hausmann A (2005) Theatermarketing. Grundlagen, Methoden und Praxisbeispiele. de Gruyter Stuttgart
Hausmann A, Helm S (Hrsg) (2006) Kundenorientierung im Kulturbetrieb: Grundlagen, innovative Konzepte und praktische Umsetzungen. Springer, Wiesbaden
Holland H (2004) Direktmarketing. Vahlen München
Homburg Ch, Krohmer H (2009) Marketingmanagement. Strategie-Instrumente-Umsetzung-Unternehmensführung. Gabler ‚Wiesbaden
Klein A (2005) Kulturmarketing, 2. Aufl. dtv München
Klein A (2008) Kompendium Kulturmanagement, Aufl. 2, Vahlen München
Klein A (2007) Starke Marken im Kulturbetrieb. Nomos Baden-Baden
Klein A (2008) Besucherbindung im Kulturbetrieb: Ein Handbuch, 2. Aufl. VS Verlag für Sozialwissenschaften Wiesbaden
Kolb B (2005) Marketing Cultural Organisations. Oak Tree Press
Mandel B (2008) Audience development, Kulturmanagement, kulturelle Bildung: Konzeptionen und Handlungsfelder der Kulturvermittlung. kopaed München
Müller-Wesemann B (1992) Marketing im Theater. Vahlen Hamburg
Rust H (2008) Zukunftsillusionen. Kritik der Trendforschung. Springer, Wiesbaden
Scheff Bernstein J (2007) Arts Marketing Insight. Wiley San Franzisko

The manufacturer's authorised representative in the EU is Springer Nature Customer Service Centre GmbH, Europaplatz 3, 69115 Heidelberg, Germany. If you have any concerns regarding our products, please contact ProductSafety@springernature.com

Printed and bound by CPI Group (UK) Ltd, Croydon, CR0 4YY
23/03/2026
02076396-0005